ファイナンシャル
プランナーが
教える

いま
大阪ワンルームマンション投資を始める理由

毛利英昭

ダイヤモンド社

はじめに

将来の「お金」への不安、自分で解消する一手とは？

訪日客の急増やマイナス金利で収益性がさらにアップ！ますます高まる「大阪」ワンルームマンション投資の魅力

わたしが前著『ファイナンシャルプランナーが教える「大阪」ワンルームマンション投資術』を上梓《じょうし》したのは２０１５年2月のことでした。

おかげさまで多くの方々から多大な反響をいただき、その後、開催したライフプランニングや不動産投資に関するセミナーでも、「大阪のワンルームマンション投資に興味を持

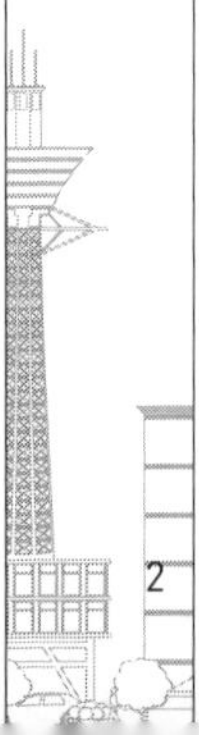

ったので、もっと詳しい話を聞きたい」というたくさんの方々と、実際に会ってお話をさせていただきました。

本書は、その第2弾として、新たに書き起こしたものです。

前著では、ファイナンシャルプランナーとしての立場から、将来の年金不足に備えてなるべく早いうちから老後生活の原資を確保しておくこと、その原資のひとつとして、大阪でのワンルームマンション投資が有効であるということを書きました。

その基本的な考え方は、いまもまったく変わっていません。

東京に比べて価格が安い大阪のワンルームマンションは、年収500万円前後のサラリーマンの方でも比較的気軽に購入できますし、ローンを完済すれば、月々6万円程度のキャッシュフロー（家賃収入）を得ることができます。

しかも与信枠（与信限度枠）をフルに活用すれば、1室だけでなく、2〜3室のワンルームマンションを購入することが可能です。東京のワンルームマンションはここ数年、「オリンピック特需」によってどんどん値上がりしており、1室3000万円、4000万円という高額な物件も珍しくありませんが、大阪なら中心部の新築物件でも2000万円前後、築10年程度の築浅物件なら1300万〜1400万円で取得できます。

つまり、東京なら1～2室しか買えない与信枠で、大阪なら3～4室買うこともできるわけです。もちろん、部屋数が多くなればなるほど家賃収入は増えますし、同時に「空室リスク」や「家賃下落リスク」などのリスク分散も図れます。

もちろん、東京に比べて物件価格が安いのは、大阪ばかりではありません。ほかの地方に行けば、中古ワンルームマンションが数百万円台で売られているところもありますし、取得価格が安いので、計算上は大阪以上に高い（表面）利回りやキャッシュフローが得られるケースも多々あります。

しかし、物件価格が安いということは、「空室リスク」や「家賃下落リスク」が高いことの裏返しでもあります。なぜなら、地元経済があまり活発ではなく、人口流出が激しい地域ほど、「人口が減っているので入居者が付きにくい」「入居がなかなか決まらないから、家賃が下がりやすい」という問題を抱えているからです。

どんなに取得価格が安くて、計算上の利回りやキャッシュフローが高い物件でも、実際に家賃を払ってくれる入居者を確保できなければ収益を上げられません。老後の生活原資を確保するための投資対象としては、あまり好ましくないといえるでしょう。

その点、前著でも紹介したように、大阪経済は着実な発展が見込まれており、東京で言えば〝都心〟に当たる「大阪中心6区」(北区・中央区・福島区・西区・浪速区・天王寺区）および「新大阪」では、流入人口が拡大しています。物件が東京に比べて安いだけでなく、「空室リスク」や「家賃下落リスク」がかなり抑えられるという点でも、大阪のワンルームマンションは極めて有利な投資対象であるといえるのです。

前著を書いてから約2年が経過しましたが、こうした大阪のワンルームマンションの魅力には、いささかの陰りもありません。むしろ、この2年間で東京のワンルームマンション価格がさらに上昇したことで、相対的に、大阪のワンルームマンションの収益性はますます高まったと実感しています。

また、前著では大阪経済の今後がいかに有望であるかについて、かなりのページ数を割いて解説しました。これについては、この2年間で、また新たな追い風が吹き始めました。関西を訪れる訪日観光客、いわゆるインバウンドの急増によって、大阪にさらなる経済発展のチャンスが生まれているのです。

最近では、大阪きっての観光・買い物スポットである心斎橋や難波を歩くと、道行く人のほとんどが中国や台湾、タイ、韓国などからの観光客ではないかと思うほど、訪日観光客であふれ返っています。その受け皿とするべく、大阪ではこのところホテル建設ラッシュが続いており、インバウンド消費の盛り上がりなどもあって、大阪経済はますます活況を呈しています。

このチャンスを逃すまいと、大阪府・市は2025年の「日本万国博覧会」（大阪万博）やカジノを含む統合型リゾート施設（IR）の招致などに力を入れています。さらに好都合なことに、2016年12月にはいわゆる「カジノ法案」も成立しました。大阪経済の前途は非常に明るいといえるでしょう。その勢いに魅力を感じて、国内外からますます多くのヒト・モノ・カネが流れ込み、ワンルームマンション投資をするうえで理想的な環境が整いつつあります。

本書では、そうした大阪経済の発展を促す最新の動きや、大阪でのワンルームマンション投資の魅力について、改めて詳しく解説していきます。

第1章では、前著を読んで大阪でのワンルームマンション投資に興味を持った方など、7人の方の投資体験談を紹介します。なぜ、大阪のワンルームマンションを取得しようと思ったのか？　それによって、実際にどのような投資成果が得られたのか？　といったことを赤裸々に語っていただきます。

続く第2章では、ワンルームマンション投資をめぐる、昨今の投資環境について解説します。ご承知のように、日本銀行が２０１６年1月29日にマイナス金利の導入を決定して以来、不動産投資用ローンの金利も大きく低下しています。これによって、ワンルームマンション投資の収益性はますます上がり、老後の生活原資を確保する手段としての魅力も高まりました。

また、２０１６年4月ごろから融資の与信枠が広がり、枠をフル活用すれば、これまで以上に多くの物件を購入できるようになったのも大きな変化です。そうしたワンルームマンション投資を取り巻く最新状況について、わかりやすく説明します。

第3章では、大阪でワンルームマンション投資を始めることのメリットについて、最新事情を踏まえて詳しく解説します。なぜ、東京でも、そのほかの地方でもなく「大阪」なのか？なぜ1棟もののアパート・マンションや、ファミリータイプのマンションではなく「ワンルームマンション」なのか？といったことについて、わたしの考え方をお伝えします。

第4章では、実際に大阪のワンルームマンションを購入すると決めた場合、どのような視点で物件を選べばいいのか？「空室リスク」や「家賃下落リスク」などは、どうすれば抑えられるのかといったヒントを提示します。

そして最後の第5章では、ワンルームマンション投資を応援してくれるパートナー（不動産会社）選びのポイントについて解説します。

忙しいビジネスマンがワンルームマンション投資を行う場合、物件選びや取得後の管理など、さまざまな点において不動産会社の支援が不可欠となります。頼りになって、何ごとも安心して任せられる不動産会社の見極め方を伝授します。

このほか、本書ではコラムとして、「大阪における民泊の動向と、ワンルームマンション投資における民泊利用の是非」についても解説しています。

先ほども述べたように、大阪では訪日観光客が急増していることから、居住用のマンションを訪日観光客の宿泊用に貸し出す「民泊」の供給が増えています。

そうしたトレンドを受け、最新では民泊として利用するためにワンルームマンション投資を始める方も増えているようですが、じつはそこにはさまざまな問題が潜んでいます。そこで、大阪での最新の動向を踏まえながら、民泊用としてワンルームマンションを購入することの是非について、私見を述べさせていただきたいと思います。

ぜひ、本書をご一読いただき、「大阪」ワンルームマンション投資の魅力を感じ取っていただければ幸いです。

もくじ

はじめに　将来の「お金」への不安、自分で解消する一手とは？　2

第1章　「大阪」ワンルームマンション投資で成功した人に聞く！

なぜわたしは「大阪」のワンルームマンションを買ったのか？
7人の体験者が語る、投資を始めたきっかけと成果　18

【体験談1】転勤族ならではの〝土地勘〟を生かして
かつて住んだ大阪のワンルームを取得（保険会社勤務・48歳男性・東北地方）

【体験談2】物件価格の安さが「大阪」ワンルームの魅力
立地を重視して「大阪中心6区」を選ぶ（銀行勤務・39歳男性・東京都）

【体験談3】〝高い買い物〟だけに最初は不安もあったが
ワンルームマンション投資を始めてよかったと実感（銀行勤務・36歳男性・東京都）

【体験談4】結婚を機に〝万が一のとき〟のお金のことを考え
ワンルームマンション投資を始める（勤務医・30歳男性・大阪府）
【体験談5】マネープランが苦手な自分でも大丈夫
ワンルーム投資の手軽さに大きな魅力を感じる（テレビ局勤務・29歳女性・大阪府）
【体験談6】他力本願ではない資産運用を求めて
中古ワンルームマンション2室を購入（商社勤務・55歳男性・大阪府）
【体験談7】大阪、東京、福岡に計8室のワンルームを所有
月々100万円の家賃収入を目指す（証券会社勤務・32歳男性・兵庫県）

第2章 マイナス金利の今がチャンス！ ワンルームマンション投資を始めるべき理由

マイナス金利導入と与信枠の拡大で
不動産投資のチャンスは広がっている 64
日銀がマイナス金利を導入した狙いとは？ 投資家にどんなメリットがあるのか？
マイナス金利の導入とともに不動産投資用ローンの金利も低下
与信枠が年収の8倍から10倍に拡大！ ローンがますます借りやすくなった
効率的な資産運用を考えるのなら与信枠は積極的に活用すべき

これからマイホームを買う人はその分の与信枠を残しておく

第2章 なぜワンルームマンション投資が熱いのか？
改めて、その魅力を考える 82

高まる年金不安やアベノミクスの変調でますます脚光を浴びる不動産投資
キャピタルゲインとインカムゲイン 投資でどちらを追求する？
年収500万円の人でもワンルームマンションなら手が届く！
若いうちから始めればキャッシュフローは十分確保できる
40～50代からでもワンルームマンション投資は始められる
不動産投資用ローンは生命保険代わりに利用できる
必要経費を計上すると税金が安くなることも！
ワンルームマンションは相続対策にも有効！

第3章 なぜ「大阪」で「ワンルームマンション」なのか？
東京よりも安くて、高利回り！
「大阪」ワンルームマンションの魅力 108

東京より１５００万円安い物件も！　割安な大阪のワンルームマンション
物件価格や家賃相場は大阪のワンルームのほうが安定している
なぜ、大阪の地価は上がっているのにワンルームはそれほど高くならないのか？
人口流入が続く「大阪中心６区」　空室リスクはかなり低い
「南森町」や「北浜」など若者に人気のある街がお勧め

訪日観光客の増加やカジノ誘致
ますます発展する大阪経済 132
２０２０年には訪日観光客が2倍に！　カジノと万博招致が起爆剤
ＬＣＣ拠点として発展する関空　大阪中心部ではホテル建設ラッシュも
新たな産業の創造拠点となる「うめきた2期地区」
同じ関西でも、京都や神戸より大阪のワンルームのほうが有利な理由は？

1棟ものやファミリータイプよりも
ワンルームマンションが有利な点とは？ 150
サラリーマンでも手が届く価格の安さが大きな魅力
ファミリータイプは退去後の空室期間が長くなりやすい
ワンルームマンションは新築・中古のどちらを選ぶべきか？

Column
話題が先行しがちな「民泊」
大阪ワンルームマンション投資を検討中の人は
知っておきたい民泊の現状とルール 158
大阪を訪れる訪日観光客が急増 ホテル不足とともに高まる民泊需要
「民泊ＯＫ」のワンルームマンションなら本当に営業できるのか？
無許可の民泊は旅館業法に違反 管理規約による〝縛り〟も
ほかのオーナーや入居者からの苦情で営業が差し止められることも
「国家戦略特区」の大阪なら旅館業法の適用外で民泊営業ができる
「特区民泊」であっても管理規約にそぐわなければ営業できない

第４章 物件購入のポイントと知っておくべきリスク 178
収益力の高いワンルームマンションとは？
物件選びのポイント
世代や属性、投資の目的などを考慮して最適な物件やローン契約を選択する
ただ「安ければいい」わけではない「住みたい」と思ってもらえるかが肝心

大阪の入居者は堅実で合理的 とにかく「安い物件」が選ばれやすい
温水洗浄便座や浴室乾燥機は不可欠 女性が求める設備はしっかり整える
同じ専有面積でも間取りによって広さは大きく変わる
立地選びも〝女性目線〟が大切 駅近で大通りに面した場所がベスト

改めてじっくり考えたい
ワンルームマンション投資のリスクと解消策 198
ワンルームマンション投資で注意すべき7つのリスクとは？
サブリース契約のメリットとは？「家賃保証」の言葉には惑わされないこと
中古物件は修繕費が大きくなることも 変動型ローンは金利上昇に注意

第5章 信頼できる不動産会社の選び方

ワンルームマンション投資の成否は
不動産会社選びで決まる！ 210
「いいパートナー」との出会いが不動産投資を成功に導く！
地域の事情を知り尽くした地元不動産会社に任せるのが安心

地元不動産会社ならきめ細かな管理も期待できる
ネット情報を見るだけでなく実際に不動産会社を訪ねてみよう
いい不動産会社かどうかを見る4つのチェックポイント
購入後のフォローもしっかりしている不動産会社が望ましい
地元の不動産会社なら企業による借り上げも実現しやすい

おわりに

「大阪」ワンルームマンション投資で
ゆとりある日々の暮らしや実りある老後生活を手に入れよう

第1章

「大阪」ワンルームマンション投資で成功した人に聞く！

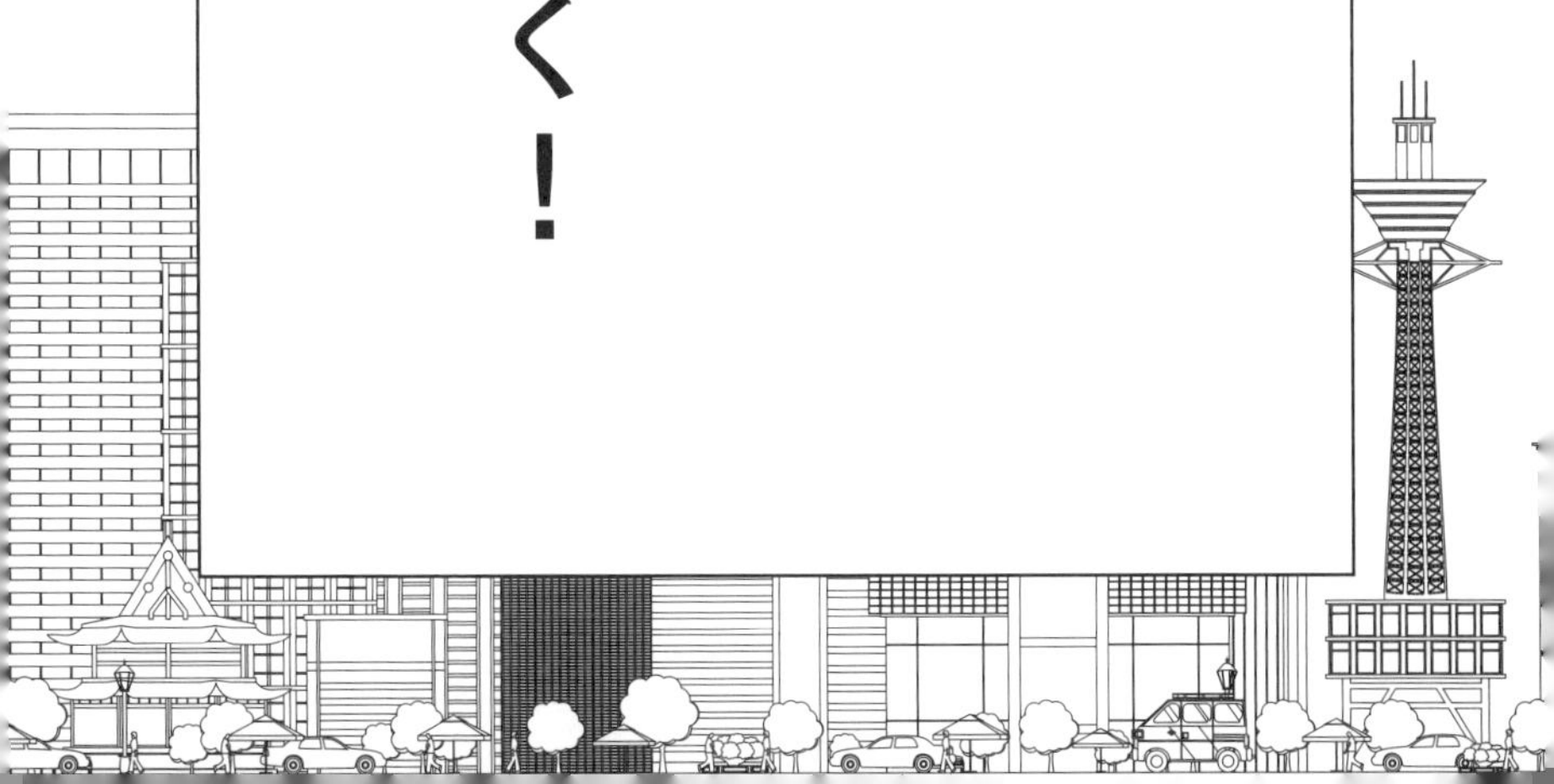

なぜわたしは「大阪」のワンルームマンションを買ったのか？

7人の体験者が語る投資を始めたきっかけと成果

不動産投資を検討するに当たり、読者の皆さんが知りたい情報とは何でしょうか？本書のような専門家による解説と同じくらい気になるのが、実際に不動産投資を始めた方の意見ではないでしょうか。そこでこの章では、前著『ファイナンシャルプランナーが教える「大阪」ワンルームマンション投資術』を読んで実際に投資を始めた方や、わたしの会社にライフプランのご相談に訪れ、それをきっかけに大阪でのワンルームマンション投資を始めた方など、7人の成功者の投資体験談をまとめてみました。

これから紹介する体験者のなかには、大阪にお住まいの方もいれば、東京などにお住まいにもかかわらず、あえて大阪のワンルームマンションを購入された方もいます。その理由や、大阪のワンルームマンションを購入して、具体的にどのようなメリットが得られたのかが、体験談をご覧になるとよくわかると思います。

また、さまざまなバックグラウンドの方の参考になるように、なるべく年齢や性別、業種などが異なる方々にお話をうかがいました。

ご自身のケースに当てはめて、「大阪のワンルームマンションを買って不動産投資を始めると、こんなふうにライフプランやマネープランを見直せるんだ」というように、参考にしていただければ幸いです。

【体験談1】　保険会社勤務　Aさん（48歳・男性・東北地方）

転勤族ならではの〝土地勘〟を活かしてかつて住んだ大阪のワンルームを取得

東京に本社を置く大手保険会社に勤務するAさんは、関西地方出身の48歳。関西の大学を卒業後、25年近く現在の会社に勤めてきました。若いころから日本各地への転勤を経験し、２０１５年4月からは東北地方の県庁所在地で働いています。

家族は奥さまと、大学生になるお子さんが2人。数年前、当時の勤務地の中部地方の県庁所在地で自宅用マンションを購入しましたが、その後、東北に転勤することになったので、ほかの人に貸すことにしました。現在の住所では2室目の自宅用マンションを購入して住んでいます。

居住用に買ったマンションを転勤にともなって貸し出すことで、図らずも大家業を始めることになったAさん。そのこととは別に、「転勤する前から、不動産投資に関心を持つようになった」と語ります。理由は、「老後に備えて、もうひとつの収入源を確保しておきたい」というものでした。

Aさんのプロフィールと投資実績

●現在の住まい：東北地方県庁所在地　●年齢：48歳　●職業：保険会社勤務　●家族構成：妻、子ども2人
●不動産投資歴：1年9ヵ月　●不動産以外の投資歴：株式投資18年
●取得したワンルームマンション：3室

［主な取得物件①］
場所：大阪市西区　購入時の築年数：約3・5年　専有面積：約25㎡　取得価格：約1520万円　月々の家賃収入：7万6000円　借入額・返済期間：約900万円・33年　月々の返済額：約3万円　表面利回り：約6％　月々のキャッシュフロー：約4万6000円（管理費など除く）

［主な取得物件②］
場所：大阪市中央区　購入時の築年数：約11年　専有面積：約24㎡　取得価格：約1100万円　月々の家賃収入：6万5000円　借入額・返済期間：約1090万円・33年　月々の返済額：約4万円　表面利回り：約7％　月々のキャッシュフロー：約2万5000円（管理費など除く）

「じつは、若いころから18年ほど株式投資を行っていたのですが、『失われた20年間』の株式相場の低迷によって、ずっと塩漬け（放置）状態になっていたのです。２０１３年ごろからのアベノミクス相場でようやく株価が戻ってきたので、それを機に大部分の株を

売り払い、もっと堅実な投資に回して収入を増やしたいと考えるようになりました。そこで注目したのがワンルームマンション投資だったのです」（Aさん）

近年になってようやく株価は戻ってきたものの、この先も株式相場が上がり続けるかどうかは不透明です。その点、ワンルームマンション投資なら、入居者さえ確保できれば物件を持っているだけで毎月一定の家賃収入が入ってくるので安心感があります。Aさんにとっては、それが何よりの魅力だったそうです。

さっそく、ワンルームマンション投資の入門書を何冊も買って勉強。さらに、行動派のAさんは、ワンルームマンションを扱う不動産会社や、投資セミナーなどに足繁く通って、知識と情報の収集に励みました。その過程で、2014年末のある日、わたしが代表を務める会社にご相談にいらしたのです。

そもそもAさんと当社のお付き合いは、Aさんがとある投資用不動産情報サイトを通じて、「大阪でこんなワンルームマンションを探しています」という問いかけをされていたのを見て、当社が「それならご相談に乗れそうですよ」と返事を差し上げたことから始まりました。その返事を機に、当時中部地方に住んでいたAさんが、わざわざ大阪にある当社まで足を運んでくださったのです。

Ａさんが大阪のワンルームマンションを購入したいと考えていたのには、もちろん理由がありました。それは「自分の土地勘のある場所が選べる」ということです。

Ａさんはもともと関西の出身で、転勤に次ぐ転勤の間に、大阪でも数年間働いていた経験がありました。

「自分が住んだことのある場所なら、どのエリアが住宅地として人気があって、人が集まりやすいのかというのがよくわかります。物件価格も、東京に比べて大阪のほうが格段に安いということは何となくわかっていました。ワンルームマンション投資は、やはり空室リスク（入居者が確保できず、家賃収入が得られなくなるリスク）が気になるものですが、〝勝手知ったる土地〟のマンションを買えばリスクを抑えられるし、そのうえ安く取得できれば、収益性も上がるだろうと考えたのです」（Ａさん）

最初の面談から数週間後、当社はＡさんのご希望に基づいて、大阪市西区の「堀江」というエリアにある築3年半の中古ワンルームマンションを紹介しました。専有面積は約25平方メートルで、物件価格は約１５２０万円です。

じつは堀江は、かつてＡさんが大阪勤務時代に住んでいた場所でした。

「周囲に飲食や買い物ができるお店が多く、生活に便利な街であることはわかっていたので、ここなら空きが出る心配はないだろうと思って、『堀江近辺の物件が出たらすぐに紹介してほしい』とお願いしていました。まさかすぐに出もの（優良物件）があるとは思っていなかったので、紹介を受けたときは驚きましたね。しかも、まだ築3年半と希望通りの築浅物件。東京だったら価格が1・5倍近くはするのではないでしょうか？　これはよい情報だと思って、すぐに購入しました」（Aさん）

さらにその1ヵ月後、Aさんは当社を通じてもう1室のワンルームマンションを購入しました。大阪市中央区の「本町」にある、築約11年、専有面積約24平方メートルの物件です。このほか、Aさんは２０１５年1月に東京のワンルームマンション1室を購入しており、現在保有する物件は、大阪2室、東京1室、また自宅として購入したマンション2室の計5室です。

全国に保有する物件を点在させているのは、「地震など、万一の災害リスクに備えるため」だとAさんは言います。

「保険会社に勤めているのでよくわかるのですが、地震保険でカバーされる範囲は限られているので、ひとつの場所に物件を集中させるのは危険です。なるべく多くの場所に分散させて、災害リスクを抑えたほうがいいと思いました」（Aさん）

全国のあちこちを転勤で回ってきたＡさんは、それぞれの場所についての土地勘を持っています。それを活かしながら、マンションを購入する地域を分散しつつ、その地域のなかでも、特に人気の高いエリアの物件を取得したいと考えているそうです。

現在、Ａさんが３室の投資用マンションから得ている家賃収入は年間４５０万円。これを今後、「年間１０００万円まで増やして、老後の収入を万全にしたい」とＡさんは言います。

ワンルームマンション投資を成功させる秘訣《ひけつ》として、Ａさんは「とにかくいろんな不動産会社を回り、セミナーに参加して情報を収集すること」だとアドバイスします。

「特に、自分の住んでいる場所以外のマンションを購入する場合、土地勘がないと、人気が高く、空室リスクが低いエリアを絞り込むことだけでも難しいもの。数多くの不動産会社を訪問すれば、そうした足りない部分を親身になって補ってくれる会社に必ず出会えるはずです」（Ａさん）

【体験談2】　銀行勤務　Bさん（39歳・男性・東京都）

物件価格の安さが「大阪」ワンルームの魅力
立地を重視して「大阪中心6区」を選ぶ

わたしの前著『ファイナンシャルプランナーが教える「大阪」ワンルームマンション投資術』を読んで、ワンルームマンション投資に興味を持ったというBさん。

大阪の大学を出て大手銀行に就職し、大阪や地方での勤務を経て、現在は東京で働いています。社会人3年目の2003年ごろから株式、投資信託、社内貯蓄などで、コツコツと資産を増やしてきたそうですが、「金融資産以外にも、資産の幅を広げてみたい」ということでワンルームマンション投資を始めることにしたそうです。

Bさんとのお付き合いは、2015年3月に開いた前著の出版記念セミナーでお会いしたのが最初でしたが、そのときのお話では、「もともとは東京のワンルームマンションを購入するつもりだったけれど、（前著を読んで）大阪のワンルームマンションにも興味が湧き、購入を決めました」ということでした。大阪のワンルームマンションを購入するに至った経緯について、Bさんはこう語ります。

Bさんのプロフィールと投資実績

●現在の住まい：東京都葛飾区 ●年齢：39歳 ●職業：銀行勤務 ●家族構成：独身
●不動産投資歴：2年 ●不動産以外の投資歴：株式投資、投資信託13年
●取得したワンルームマンション：3室

［主な取得物件①］
場所：大阪市天王寺区 購入時の築年数：約2年 専有面積：23・68㎡ 取得価格：1480万円 月々の家賃収入：7万円 借入額・返済期間：1180万円・35年 月々の返済額：3万9089円
表面利回り：約5・7％ 月々のキャッシュフロー：約3万円（管理費など除く）

［主な取得物件②］
場所：大阪市北区 購入時の築年数：約9年 専有面積：24・08㎡ 取得価格：1500万円 月々の家賃収入：7万3000円 借入額・返済期間：約1350万円・35年 月々の返済額：4万3688円
表面利回り：約5・8％ 月々のキャッシュフロー：約2万9000円（管理費など除く）

「投資を始めるに当たっていろいろと勉強したのですが、空室リスクを抑えるという意味では、やはり流入人口が最も多い東京のほうが安全だと思いました。しかし、流入人口3位の大阪でも入居希望者に人気の高い場所を選べば、空室リスクはかなり低減できるとい

うことを毛利さん（筆者）の本を読んで確信しました。物件価格は東京より大阪のほうが圧倒的に安いので、空室リスクさえしっかり抑えられれば、より大きな収益が安定的に確保できるはずだと考えたのです」

また、関西出身で大阪の大学に通い、一時期、大阪で働いていたこともあるBさんは、「大阪のなかでもこの場所なら、ワンルームマンションの入居需要も高いはずだ」という土地勘を持っていました。

「毛利さんが本で勧めていた『大阪中心6区』（北区・中央区・福島区・西区・浪速区・天王寺区）は、大阪のビジネスの中心地であり、商業エリアも充実しているので、この場所にあるワンルームマンションなら間違いないと思いました。そこで、お会いするなり『いい物件があったら、すぐにでも紹介してください』とお願いしたのです」（Bさん）

それから2ヵ月ほど経った2015年5月、Bさんの希望に合いそうな物件が見つかりました。大阪市天王寺区にある築約2年、専有面積約24平方メートルのワンルームマンションです。取得価格は1480万円でした。

「ほぼ新築同然のワンルームが1500万円足らずで購入できるというのですから正直、驚きました。関西出身ではありますが、東京に住んでいて、東京の相場観で物件を見てきたので、『都心のワンルームマンションは高いものだ』という先入観が染み付いていたんですね。でも、価格は安いのに状態はいいし、立地も『あべのハルカス』（天王寺区の隣の阿倍野区に２０１４年３月に完成した高さ３００メートルの日本一の超高層ビル）から徒歩10分と抜群です。これなら入居者をすぐに確保できると思い、即決で購入しました」（Ｂさん）

取得価格が安かったので、収益性の目安のひとつである「表面利回り」（詳しくは第３章を参照）も５％台と高水準に。「築浅でも２０００万円は下らない東京都心の中古ワンルームマンションでは、これほどの利回りは得られなかったでしょう。自己資金を３００万円入れて、１１８０万円を銀行から35年ローンで借り入れたのですが、家賃収入からローン返済額を差し引いた月々のキャッシュフローは約３万円と、まずまずの水準になりました」とＢさんは語ります。

その後、Ｂさんは東京でも１室、ワンルームマンションを購入。さらに、わたしの会社を通じて、大阪市北区の「南森町」という場所にある築９年、専有面積約24平方メートルのワンルームマンションを１５００万円で取得しました。こちらも取得価格が安く、その９割に相当する１３５０万円を35年ローンで借り入れたので、月々約２万９０００

円のキャッシュフローを確保できます。30代のうちにワンルームマンション投資を始めれば、Bさんのように最長35年まで返済期間を設定することができ、月々の返済負担を減らせるのです。

しかも南森町は、大阪のビジネスの中心地である梅田から1駅と非常に便利な場所にあります。「梅田で遅くまで飲んでも、歩いて帰れるほどの近さですから、空室が出る心配はほとんどないはずです。学生時代、『ここに住んだら便利だろうな』とあこがれていた場所なので、すぐに購入を決めました。人気の高いエリアなので、中古物件の出ものにはなかなか出会えないのですが、それが出てきたので思わず飛び付いてしまった感じですね。ほぼ即決でしたが、いい買い物だったと思います」とBさんは満足そうです。

ところで、Bさんが大阪だけでなく東京のワンルームマンションも取得したのは、ひとつの場所に限定すると、思わぬリスクによって投資の成果が総崩れになるリスクを分散したかったからだといいます。

「大阪と東京では、そもそも不動産市況の動きが異なります。2つの場所にワンルームマンションを持てば、どちらか一方の市況が崩れても、もう一方の利益でカバーできますからね。どちらかといえば、東京よりも大阪のほうが物件価格や家賃相場などは安定してい

ると感じられるので、万が一東京の相場が大きく崩れたときは、大阪の利益で補えるのではないかと期待しています」（Ｂさん）

また、購入を決めるときには、紹介された物件を必ずじっくり下見するのがＢさんの流儀だそうです。

「本業が銀行マンなので、案件を決めるときは、必ず現場を見るのが習慣になっているんですね。特に、土地勘のない場所の物件を買うかどうか決めるときには、必ず現地に行って、駅から徒歩何分の場所にあるのか、近くにスーパーやコンビニはあるのか、日当たりは十分かといったことをしっかりチェックします。ワンルームマンション投資のような長期にわたる投資の場合、どれだけ多くの不安要因をつぶしておけるかが非常に重要だと思うのです」（Ｂさん）

3室のワンルームマンション経営で年間約72万円の手取り家賃収入を確保しているＢさん。現在は独身ですが、いずれ結婚して、子どもが生まれたときのことを考え、与信枠（ローン借り入れ額のこと。74ページ参照）の許す範囲でより多くのワンルームを取得し、さらに収入を増やすことも検討しているそうです。

【体験談3】 銀行勤務 Cさん（36歳・男性・東京都）

〝高い買い物〟だけに最初は不安もあったがワンルームマンション投資を始めてよかったと実感

わたしとCさんのお付き合いは長く、当社を通じてCさんが最初のワンルームマンションを購入されたのは、かれこれ5年ほど前のことです。

Cさんは現在、東京のとある大手銀行に勤務していますが、出会った当時は京都勤務でした。そしてある日、当社が大阪で開催した不動産投資セミナーに参加して、ワンルームマンション投資を始めてみようかと考えたのだそうです。

「そのころ、株式投資は行っていましたが、不動産投資は『何となく怖そうだ』と思って敬遠していました。まったく興味がなかったわけではなく、機会があればチャレンジしてみたい気持ちもあったのですが、不動産は数千万円もする高い買い物ですし、知識のない状態で始めたら手痛い損をするのではないかという不安もあって。けれども、セミナーで毛利さんの説明を聞いているうちに、きちんと収支計画を立て、いい物件さえ手に入れれば、恐れるに足りないのではと思うようになったのです」とCさんは振り返ります。

Cさんのプロフィールと投資実績

●現在の住まい：東京都文京区　●年齢：36歳　●職業：銀行勤務　●家族構成：独身
●不動産投資歴：５年　●不動産以外の投資歴：株式投資９年
●取得したワンルームマンション：２室

[主な取得物件①]
場所：大阪市中央区　購入時の築年数：約10年　専有面積：20・52㎡　取得価格：１２８０万円　月々の家賃収入：６万５４６０円　借入額・返済期間：１１５０万円・35年　月々の返済額：４万２１９８円
表面利回り：約６・１％　月々のキャッシュフロー：約２万３０００円（管理費など除く）

[主な取得物件②]
場所：大阪市天王寺区　購入時の築年数：新築　専有面積：22・48㎡　取得価格：１６９０万円　月々の家賃収入：６万１０００円　借入額・返済期間：約１３５０万円・35年　月々の返済額：４万５９４２円
表面利回り：約４・３％　月々のキャッシュフロー：約１万５０００円（管理費など除く）

もともとＣさんが投資に興味を持ったのは、資産を増やすためには、自分が働くだけでなく、お金にも働いてもらう（利息や収入を生む）ようにすることが大切だと考えたからだそうです。

Cさんのような上場企業にお勤めのサラリーマンの方なら、銀行から一定の与信枠が与えられます。

たとえ手持ちのお金がなくても、与信枠の限度内であれば、マイホームを買うための資金や、投資のための資金を借りることができるのです。

「当時の年収は500万円ほどでしたが、与信枠をフルに使えば、その8倍の4000万円くらいまで借りられることがわかりました。現在も独身ですが、当時はまだ30代になったばかりだったので、マイホームなんてまだ先の話。なので『投資目的だけで与信枠を目いっぱい使えるぞ』と考えたのです。どうせお金に働いてもらうなら、元の金額が多いほうが、得られる利益も大きくなるはずですから」（Cさん）

とはいえ、〝高い買い物〟であることへの不安がまったくなくなったかと問われれば、そんなことはないとCさんは言います。

「毛利さんの話を聞いて、ワンルームマンション投資では、入居者から受け取った家賃収入を月々のローン返済に充てていけばいいのだということがわかりました。物件価格が安い大阪のワンルームマンションなら、借入額は少なくて済みますし、返済期間を35年などの長期にすれば、月々のローン返済額はさらに減るので、家賃収入から返済額を差し引いても黒字になります。つまり借金をするとはいっても、実質的には、ほぼ〝自己負担ゼロ〟で済むのです。もっとも、それはあくまで家賃収入がコンスタントに入ってくればの話。もし空室になってしまったら、家賃収入が入らなくなるので、月々のローン返済は自分で負担しなければなりません。その不安はずっとありました」（Cさん）

それでもひとまずチャレンジしてみようということで、Cさんは２０１２年に、当社が紹介した大阪市中央区の中古ワンルームマンションを購入しました。

築10年、専有面積約20平方メートルの物件は、大阪きっての繁華街である「心斎橋」に立地。地下鉄堺筋線の長堀橋駅から徒歩1～2分という絶好のロケーションです。東京で言えば、「銀座のど真ん中」に近い好立地だといえるでしょう。

にもかかわらず、物件価格は１２８０万円と、東京では考えられないほどの安い値段で取得できました。Cさんは自己資金１３０万円を頭金として入れ、残りの１１５０万円を35年返済で借り入れました。月々の家賃収入６万５４６０円に対して、ローン返済額は４万２１９８円。空き室が出なければ、毎月約2万３０００円ずつのキャッシュフローが得られる計算です。Cさんは、当社と事前にこうした収支計画を綿密に立てたうえで、ワンルームマンションの購入に踏み切りました。

結果は大成功でした。取得した心斎橋の物件は、まったく空きが出ることがなく、ほぼ収支計画通りのキャッシュをCさんにもたらしてくれたのです。

「じつは最近、入居者が入れ替わったのですが、退去してから1週間も経たないうちに次の入居者が決まりました。何しろ大阪きっての繁華街のど真ん中ですから、住みたい方はいくらでもいるようなのです。毛利さんの会社では、入居者がほぼ確実に見込める『大阪中心6区』と『新大阪』のワンルームマンションを中心に物件を紹介していると聞いていたのですが、まさにその通りでした」（Cさん）

安定的なキャッシュフローが得られることを確信したCさんは、最初の物件を購入してから2年後の2014年ごろ、当社の紹介でもう1室のワンルームマンションを取得しました。大阪市天王寺区にある新築のワンルームマンションで、専有面積は約22平方メートル、取得価格は1690万円でした。借入額は1350万円で、こちらも35年間の長期返済。月々の家賃収入からローン返済額を差し引いたキャッシュフローは約1万5000円です。こちらは心斎橋に比べるとビジネス街や繁華街からやや遠く、駅から徒歩7〜8分と多少不便ですが、それでも退去者が出てもすぐに入居者が決まるなど、需要は安定しているようです。

じつは、Cさんはこの2つ目の物件を購入する約1年前、東京に引っ越して、現在の大手銀行に転職しています。住まいが東京に変わっても引き続き大阪のワンルームマンションを取得したのは、「やはり物件価格が、東京と大阪とではあまりにも違いすぎるから」とのことでした。

恐らく、大阪の1・5倍から2倍近い価格がする東京のワンルームマンションを購入した場合、返済期間を35年にしたとしても、月々の家賃収入からローン返済額を差し引いたキャッシュフローは赤字になっていたのではないでしょうか。

ちなみに「1室目を購入したときのローンの借入利率は年2・65%でしたが、2室目では年2・11%に下がりました。マイナス金利のいまなら、もっと安く借りられるかもしれませんね」とCさん。3室目以降の取得も視野に入れているようです。

【体験談4】 勤務医 Dさん(30歳・男性・大阪府)

結婚を機に〝万が一のとき〟のお金のことを考えワンルームマンション投資を始める

Dさんは、大阪のとある大学病院に勤務するかたわら、大学医学部の博士課程で研究を続けている産婦人科の医師です。

小学生のころから医師になることを志し、24歳で医学部を卒業。研修医時代の28歳のときに結婚し、一女を授かりました。現在、奥さまと1歳半になる娘さんの3人家族で大阪市に暮らしています。

Dさんがワンルームマンション投資を始めることを決めたのは、まさにこの結婚と、娘さんの誕生が大きなきっかけでした。

「独身時代は、稼いだお金を何となくそのまま使ってしまうという計画性のない生き方をしていました。しかし、守るべき家族ができてからは、もっとお金をしっかり蓄えなければと思うようになりました。仮にわたしに万が一のことがあっても、妻や娘が生活に困らないだけのものは残してやりたいと考えるようになったのです。

Dさんのプロフィールと投資実績
●現在の住まい：大阪市　●年齢：30歳　●職業：勤務医　●家族構成：妻、子ども1人
●不動産投資歴：1年　●不動産以外の投資歴：なし
●取得したワンルームマンション：3室

［主な取得物件①］
場所：大阪市淀川区（新大阪）　購入時の築年数：新築　専有面積：25・65㎡　取得価格：2030万円
月々の家賃収入：7万6500円　借入額・返済期間：2020万円・35年　月々の返済額：6万3344円　表面利回り：約4・5％　月々のキャッシュフロー：約1万4230円（管理費など除く）

［主な取得物件②］
場所：大阪市北区　購入時の築年数：新築　専有面積：25・80㎡　取得価格：1980万円　月々の家賃収入：7万4500円　借入額・返済期間：1970万円・35年　月々の返済額：6万2267円
表面利回り：約4・5％　月々のキャッシュフロー：約1万2230円（管理費など除く）

しかし、預金金利はどんどん下がっているので、銀行にお金を預けているだけではまったく増えません。何かいい方法はないかと友人や知人に相談したところ、株式や不動産投資などを勧められたのです」（Dさん）

それぞれの投資の一長一短をじっくり検討し、Dさんは不動産投資を選びました。

「買った株の値上がり益を追求する株式投資と違って、不動産投資は月々の家賃収入がコツコツ入ってくる投資であることが大きな魅力でした。物件さえ持ち続ければ、たとえわたしが働けなくなったり死んだりしても、安定的な収入が得られて、妻や娘の生活を守ってやれます。また株式投資は、株を売ったり買ったりするタイミングを探るため、つねに相場を監視している必要がありますが、医療の仕事をこなしながら、そんなことをする余裕はありません。その点、不動産投資なら、一度買ってしまえば後の管理はすべて不動産会社に任せられるので、われわれのような医師にも向いているのではないかと思ったのです」とDさんは語ります。


数ある不動産投資のなかからワンルームマンション投資を選んだのは、「自分自身も独身時代にワンルームマンションで暮らしていたので、なじみがあるから」とのこと。

「晩婚化や非婚化とともに、単身世帯はこれからどんどん増えるはずですし、そういう意味でもワンルームマンションの需要がなくなることはないと思います。しかも、自分で住んだ経験があるので、築何年で、どれくらいの広さや設備の整った物件なら、家賃はいくらくらいが適切なのかといったこともある程度まで想像できます。そう考えると、ワンル

ームマンション投資は将来有望であるだけでなく、自分に向いている投資だろうと確信したのです」（Dさん）

知人の紹介を得てDさんが当社を来訪したのは、ちょうどそんなときでした。そのころにはワンルームマンション投資の本を何冊も読み、自分なりに投資の進め方の具体的なイメージも描いていたので、後は「いい物件を取得するだけ」という心積もりになっていたといいます。

Dさんは、当社が紹介した物件のなかから3室をピックアップし、立て続けに購入しました。2室は新大阪にある物件、1室は梅田東にある物件で、いずれも新築です。

取得価格は3室合わせて約6000万円（1室当たり約2000万円）。与信枠を目いっぱい活用し、すべて返済期間35年のフルローン（全額ローン）で購入。月々の家賃収入は3室合わせて約21万円、ローン返済額は約18万円で、約3万円のキャッシュフローを得ることに成功しています。

3室とも新築を選んだ理由について、Dさんは「新築でも築浅でも、さほど価格が変わらなかったから」と説明します。

確かに大阪のワンルームマンションの場合、一般に新築で専有面積25平方メートル前後の物件の価格は2000万円前後、同じ広さで築2～3年程度の物件は1800万円前後と、さほど大きく変わりません。

「価格がほぼ同じなら、減価償却期間が長くてより節税効果が大きく、修繕などの余分な費用もかかりにくい新築のほうが有利だと思いました。これが東京だったら、新築はあまりにも高いので、中古を買ったのではないかと思います。新築でも中古並みの価格で取得できるのは、大阪のワンルームマンションの大きなメリットかもしれませんね」（Dさん）

また、新築と築2～3年でそれほど価格が変わらないということは、いずれ何らかの事情でマンションを手放さなければならなくなったときも、それほど大きな損を出すことなく売却できるということです。

「妻と娘のための〝保険〟のつもりで買っているので、そう簡単に手放すつもりはありませんが、いざというときには売りやすいことも、大阪のワンルームマンションのいいところだと思います」（Dさん）

ちなみにDさんが保有する3室は、いずれも「サブリース契約」によって当社が借り上げています。サブリース契約とは、不動産会社などがオーナーからマンションを借り上げ、一定の手数料を受け取る代わりに、それを差し引いた家賃の支払いを保証する契約です(詳しくは第5章を参照)。

サブリース契約を結んでいれば、仮に空室が発生しても、その間の家賃(手数料分を除く)が支払われなくなることはありません。

「ワンルームマンション投資を始めるうえでいちばん気になったのが、空室が発生して家賃収入が途絶えることでした。サブリース契約を結んでおけば、そのリスクが解消されるのは非常にありがたいところです」とDさんは笑顔で語ります。

「30歳前に不動産投資を始めたおかげで、ローンを完済する65歳以降は家賃収入がほぼ丸ごと得られるようになるのもうれしいですね」とDさん。

「医師に定年はない」とはいうものの、老後の副収入源をしっかりと確保できたことも、大きな満足感につながっているようです。

【体験談5】　テレビ局勤務　Eさん（29歳・女性・大阪府）

マネープランが苦手な自分でも大丈夫
ワンルーム投資の手軽さに大きな魅力を感じる

Eさんは、東京の大学を卒業後、大阪のテレビ局に就職しました。

Eさんがワンルームマンション投資を始めようと思い立ったのは、たまたま書店で、前著『ファイナンシャルプランナーが教える「大阪」ワンルームマンション投資術』を手に取り、パラパラとめくっているうちに「こんな投資の方法があったんだ！」と知ったのが大きなきっかけだったそうです。

「それまで、投資は何となく『面倒くさいもの』という先入観を抱いていたんです。株は相場を見ながらいちいち売り買いしなければいけないし、保険に入るにも、いろいろな手間がありますからね。でも、毛利さんの本を読んだら、ワンルームマンション投資なら一度物件を買ってしまえば、面倒な管理はすべて不動産会社がやってくれるので、投資家はほとんど何もしなくてもいいと書いてあって。『あ、これならわたしにもできるかも』と思ったんです」（Eさん）

Eさんのプロフィールと投資実績
●現在の住まい：大阪市北区　●年齢：29歳　●職業：テレビ局勤務　●家族構成：独身
●不動産投資歴：1年　●不動産以外の投資歴：なし
●取得したワンルームマンション：2室

[主な取得物件①]
場所：大阪市北区　購入時の築年数：5年　専有面積：20・66㎡　取得価格：1280万円　月々の家賃収入：6万4410円　借入額・返済期間：1270万円・35年　月々の返済額：4万2890円　表面利回り：約6％　月々のキャッシュフロー：約2万1000円（管理費など除く）

[主な取得物件②]
場所：大阪市中央区　購入時の築年数：9年　専有面積：20・52㎡　取得価格：1360万円　月々の家賃収入：6万6000円　借入額・返済期間：1350万円・35年　月々の返済額：4万5942円　表面利回り：約5・8％　月々のキャッシュフロー：約2万円（管理費など除く）

就職後、大阪で暮らし始めて約7年。「大阪」のワンルームマンションという投資対象が、自分にとって非常に身近な存在になっていたことも、Eさんが興味を持った大きな理由だといいます。

「株式相場がこの先どうなるというのは専門知識がないとよくわかりませんが、普段仕事をして、生活している大阪のことなら非常に身近ですし、自分の持っている情報や知識の範囲で向き合えるのではないかと思いました。また、毛利さんの本のなかに『投資をまったく行わず、資産をすべて預金や現金で持っていることもリスク』だと書かれていて、確かにその通りだと思ったことも背中を押してくれた気がします」とEさん。

それまでも漠然と、「預金だけでいいのか」と思ってはいたそうですが、将来インフレが発生した場合、預金や現金だけを持っていると、資産価値がどんどん目減りしてしまいかねないということを、明確に理解できたそうです。

こうしてEさんは2015年春に当社を訪問。そのわずか数ヵ月後の2015年7月に、当社を通じてワンルームマンション1室を購入しました。

取得した物件は、大阪市北区の「南森町」という場所にある専有面積約20平方メートルの中古ワンルームマンションです。物件価格は1280万円。そのうち1270万円を銀行から借り入れました。返済期間は最長の35年で、月々の返済額は4万2890円。家賃収入は月々6万4410円なので、管理費などを差し引いても毎月約2万1000円のキャッシュが手元に残ります。

Eさんが南森町の物件を選んだのは、ご自身の生活エリアが近いため「とても住みやすく、入居希望者から人気の高い街」だということを実感していたからだといいます。
「南森町は、（大阪のビジネスの中心地である）梅田からも徒歩圏と非常に近いですし、地下鉄2本とJRの駅があるので、どこに行くにも便利です。しかも、駅のそばには日本一長いアーケード商店街として知られる『天神橋筋商店街』もあります。これだけ好条件がそろっていれば、空室リスクはほとんど気にしなくていいはずだと思って、即決で購入しました」（Eさん）

月々2万円ずつの定期収入が入るようになったことも大きな魅力でしたが、それ以上にEさんが「ワンルームマンション投資を始めてよかった」と実感したのは、所得税が安くなったことでした。

ワンルームマンション投資を始めると、それにかかった費用を、投資による所得と給与所得の合算から差し引くことができます。

具体的な費用の項目としては、建物の減価償却費、ローンの利息（建物部分のみ）、管理費・租税公課、その他がありますが、費用の大きさによっては、それを所得から差し引くことで所得税・住民税が大幅に安くなることもあるのです。

Ｅさんの場合、「1室目のワンルームマンションを取得した翌年の確定申告で、約20万円の税還付を受けることができました。そんなにたくさん税金が戻ってくるとは思わなかったので、とてもトクした気分になりました」とうれしそうに語ってくれました。

さらにＥさんは、1室目を購入してから約1年後の２０１６年8月、2室目のワンルームマンションを取得しています。大阪市中央区の「長堀橋」というところにある物件で、専有面積約20平方メートルの中古ワンルームマンション。取得価格は１３６０万円です。

2室目を取得した理由は、「1室よりも2室のほうが必要経費が増えて、単純に所得税の控除が大きくなるから」だそうです。

長堀橋の物件も、ほぼフルローンながら35年の長期返済で借り入れているので、月々の家賃収入が6万６０００円に対しローン返済額は4万５９４２円と、約2万円のキャッシュフローを確保しています。節税効果を高めながら、手取りの家賃収入まで約2倍に増やすことができたわけです。

また、Ｅさんが2室目を購入したのには、「地震などの災害リスクを分散させる」という狙いもあったそうです。

「以前、報道を担当していたのでよくわかるのですが、同じ大阪市内でも、地盤がしっかりしていて地震に強いエリアと、断層が走っていて地震に弱いエリアがあるんです。そこで、念のため、北区と中央区というようにエリアを分けて、万が一のときには、どちらか一方でも被災を免れられるようにしました」（Ｅさん）

与信枠にはまだ余裕があるので、将来的には3室目、4室目の購入も考えるかもしれないとのことですが、「いろいろと経費もかかるので、しばらくは打ち止めにしておこうかと思っています。じつは近々結婚も考えているので、そのお金を蓄えておきたいというのもあって」とＥさん。晴れてゴールインし、生活に余裕が出てきたら、改めてワンルームマンション投資を考えたいといいます。

【体験談6】 商社勤務　Fさん（55歳・男性・大阪府）

他力本願ではない資産運用を求めて中古ワンルームマンション2室を購入

Fさんは専門商社に勤務して33年になるベテランのビジネスマンです。

ご家族は奥さまと息子さんが2人。「24歳になる長男は銀行に就職。20歳の次男は現在、大学に通っています。あと2年すれば次男も大学を卒業して独立するので、そろそろ夫婦2人の老後のことを真剣に考えなければと思うようになりました」（Fさん）。

現在55歳で、定年が間近に迫っているFさんは、若い時期から老後のことを考え、株式投資や投資信託の積み立て、個人年金保険、金投資などを地道に行ってきました。

おかげである程度の資産を形成することはできましたが、２０１６年の初めに、Fさんの投資に対する考え方を揺るがす大きな出来事がありました。それまでアベノミクスによって上昇してきた株式相場が一気に下落したのです。その結果、Fさんが保有していた株式も資産価値が２５０万円ほど目減りしてしまったそうです。

Fさんのプロフィールと投資実績
●現在の住まい：大阪市　●年齢：55歳　●職業：商社勤務　●家族構成：妻、子ども2人
●不動産投資歴：1年　●不動産以外の投資歴：株式投資10年、投資信託5年、金投資30年以上
●取得したワンルームマンション：2室

［主な取得物件①］
場所：神戸市中央区　購入時の築年数：16年　専有面積：18・63㎡　取得価格：900万円　月々の家賃収入：6万1000円　借入額・返済期間：890万円・24年　月々の返済額：3万7344円
表面利回り：約8・1％　月々のキャッシュフロー：約2万3000円（管理費など除く）

［主な取得物件②］
場所：大阪市北区　購入時の築年数：14年　専有面積：20・52㎡　取得価格：1050万円　月々の家賃収入：6万円　借入額・返済期間：1040万円・24年　月々の返済額：4万3450円　表面利回り：約6・8％　月々のキャッシュフロー：約1万5000円（管理費など除く）

「株や投資信託のような金融資産だけでは、相場が悪化したときに、いともたやすく資産を失ってしまうのだということがよくわかりました。しかも、相場の変動は自分でコントロールすることはできません。老後のための資金を、そのように不安定でコントロール不

能な資産として持っているのは危険ではないかと思いました。そこで、遅ればせながら不動産投資を始めてみることにしたのです」（Fさん）

行動派のFさんは、すぐさま動き始めました。不動産投資関連の書籍を30冊以上も読み漁り、2016年の1月から5月にかけて20以上もの不動産投資セミナーに通いました。不動産会社との個人面談にも積極的に出向き、わたしの会社にもご相談に来られました。そうした丹念な情報収集を経て、「いまからでも遅くなく、自分にとって有効な老後の資産形成手段は、大阪のワンルームマンション投資だ」との結論に至ったそうです。

Fさんがワンルームマンション投資のメリットとして特に感じたのは、「株式投資と違って他力本願ではなく、自分でリスクコントロールできること」だそう。

「株式投資は、資産が増えるも減るも相場任せのところがありますが、ワンルームマンション投資なら、想定されるリスクを自分でつぶしながら利益を確保していくことが可能です。空室リスクを抑えるには、立地がよくて入居者に好まれやすい設備を整えた物件を購入すればいいわけですし、なるべく安い物件を取得して、かつ金利が低く返済期間が長いローンを選択すれば、収支も赤字にならなくて済みます。つまり、自分の裁量ひとつで、いかようにでもリスクをコントロールできるのです。これはわたしにとって非常に大きな

魅力でした」（Ｆさん）

Ｆさんが、当社を通じて大阪のワンルームマンション投資を始めることにしたのは、「55歳という自分の年齢に合った投資プランを提案してもらえたから」だと言います。

不動産投資用ローンは原則、79歳までに完済することが条件となっているので、55歳の場合、返済期間は最長24年までしか設定できません。

しかも返済期間が短くなればなるほど、月々の返済額は大きくなるので、ローンの開始時期が遅いと家賃収入から返済額を差し引いたキャッシュフローが赤字になってしまうケースが多いのです。

こうした事態を回避するには、なるべく安い物件を取得し、金利の低い不動産投資用ローンを選択することによって、月々の返済額を抑えるのが肝心。Ｆさんのように短い返済期間しか設定できない場合、なおさらそうしたアレンジが不可欠なのです。

「わたしの年齢など考えず、自分たちが売りたい高額物件を勧めてくる会社や、金利が高めのローンしかアレンジできない会社もありました。そんななか、毛利さんの会社だけは、55歳のわたしでも、借り入れをしながら十分に収益が得られる解決策を提案してくれたのです」（Ｆさん）

綿密な打ち合わせを重ねた後、Ｆさんはわたしの会社を通じて2室のワンルームマンションを取得しました。

1室目は、神戸市中央区にある専有面積約18平方メートルの中古物件です。神戸でも中心部に近く、入居希望者に人気の高いエリアのワンルームですが、築16年とやや古いことから、９００万円という破格の安さで購入できました。

そのうち８９０万円を銀行から借り入れましたが、金利の低いローンを選んだおかげで、月々の返済額を3万７３４４円に抑えることに成功。家賃収入は6万１０００円なので、管理費などを差し引いても月々2万３０００円は手元に残ります。

2室目は、大阪市北区の「同心」という場所にある築14年、専有面積約20平方メートルの物件で、取得価格は１０５０万円。そのうち１０４０万円は24年返済の不動産投資用ローンを借り入れ、月々4万３４５０円ずつ返済していくことになりました。こちらも月々の家賃収入は6万円なので、毎月約1万５０００円の黒字が出る計算です。

「格安の物件を紹介してもらったおかげで、十分な収益を確保できるようになりました。中古物件といっても、管理が非常に行き届いているので、さほど古さを感じさせません。しかも、1室目は神戸の中心部、2室目は梅田から徒歩圏と非常に便利な場所にあるので、空室リスクもほとんど気にする必要はなさそうです。リスクを抑えつつ、安定的な収益が確保できる解決策を提案していただけたと感謝しています」（Ｆさん）

現在のところ、保有するワンルームマンションは２室、月々の家賃収入は合計12万１０００円ですが、Ｆさんはこれを将来5室まで増やし、月々20万～25万円ほどの純収入を得たいと考えているそうです。

「それくらいの収入があれば、年金と合わせて夫婦２人で十分暮らしていけると思っています。次男が大学を卒業するまでは手元のお金をなるべく減らしたくないので、当面はワンルームマンション投資をひと休みするつもりですが、卒業後はまたコツコツ物件を増やしていきたいですね。60歳まであと5年あるので、老後の資金づくりには十分間に合うはずです」（Ｆさん）

これからワンルームマンション投資を始めようと考えている方には、「物件選びや管理などは不動産会社にお任せするにしても、リスクを減らすためにしっかりと勉強したほうがいいでしょうね。とにかく情報収集が大事です」とＦさんは提言します。

【体験談7】　証券会社勤務　Gさん（32歳・男性・兵庫県）

大阪・東京・福岡に計8室のワンルームを所有 月々100万円の家賃収入を目指す

大手証券会社に勤務するGさんは、今年で入社10年目。仕事柄、株式や投資信託、FXといった有価証券投資の経験は深く、資産も着実に増やしていました。最近ご結婚されたばかりで、仕事のみならず、私生活においても充実した毎日を送っています。

そんなGさんがワンルームマンション投資を始めたのは、3年前の29歳のとき。ひょんなことから、わたしの会社のスタッフと知り合い、大阪のワンルームマンション投資に関する話を聞いて興味を抱いたのだそうです。

「有価証券投資については、プロとしてそれなりの知識と経験を持っていましたが、不動産投資についてはまったく知らなかったので、非常に新鮮に感じました。特に、株式投資のように買った株の値上がり益を狙うのではなく、保有したマンションを貸して家賃収入を得るという仕組みは、それまでの投資に対する自分の常識から大きくかけ離れていたので、『こんな投資もあるんだ』と、ちょっと驚きましたね」（Gさん）

Gさんのプロフィールと投資実績
●現在の住まい：神戸市中央区　●年齢：32歳　●職業：証券会社勤務　●家族構成：妻
●不動産投資歴：３年　●不動産以外の投資歴：株式、投資信託、ＦＸなど10年以上
●取得したワンルームマンション：8室

［主な取得物件①］
場所：神戸市　購入時の築年数：新築　専有面積：約25㎡　取得価格：１８４０万円　月々の家賃収入：６万８０００円　借入額・返済期間：１６５０万円・28年（繰り上げ返済済み）　月々の返済額：５万５８６８円　表面利回り：約４・４％　月々のキャッシュフロー：約1万２０００円（管理費など除く）

［主な取得物件②］
場所：大阪市福島区　購入時の築年数：新築　専有面積：約23㎡　取得価格：１６００万円　月々の家賃収入：６万５０００円　借入額・返済期間：１５２０万円・35年　月々の返済額：５万１１３６円　表面利回り：約４・８％　月々のキャッシュフロー：約1万３０００円（管理費など除く）

しかし、興味は抱いたものの、実際にワンルームマンション投資をするかどうかとなると、ためらいを感じたそうです。

「株式や投資信託などの有価証券投資は、基本的に自己資金でやるものです。でもワンル

ームマンション投資は、物件の購入金額が大きいので、わたしのようなサラリーマンはどうしても借り入れをしなければなりません。多額の借金を背負って投資をすることへの恐怖感が、どうしてもぬぐい切れなかったんですね」（Gさん）

ところがその後、当社スタッフとの対話を通じて、ワンルームマンション投資に関する知識を蓄えていったGさんは、「むしろ『借金できるというメリット』をフルに利用しない手はない」と、考えを改めるようになったといいます。

「話を聞いているうちに、銀行からの借り入れの返済は、月々の家賃収入で十分にカバーできそうだということがわかりました。特にわたしのような30代のサラリーマンの場合、35年の長期返済が可能ですから、月々の返済額はかなり抑えられます。後は返済の元手となる家賃収入が安定的に入ってくるかどうかですが、立地条件のよい物件さえ選べば、空室を出すことなく、継続的に家賃が入ってくる仕組みを作れるということを確信しました。それなら積極的に資金を借り入れて、なるべくたくさんの物件を保有したほうが収益も上がるのではないかと思うようになったんです」（Gさん）

また、Gさんはそれまで、資産の大部分を株式や投資信託などの金融資産として運用していました。投資のリスク分散を図るためには、金融資産以外のアセットクラス（資産の種類）を持つのも大切だと考えたことも、ワンルームマンション投資を始めるきっかけになったそうです。

Ｇさんが最初の物件を購入したのは、２０１４年2月のこと。地元の神戸に建設された新築ワンルームマンションで、専有面積は約25平方メートルです。物件価格は１８４０万円と、新築ながら格安で取得することができました。

「仮に東京都心で同じ条件のワンルームマンションを購入していたら、３０００万円は下らなかったはずです。毛利さんがおっしゃるように、とにかく安く買えるのが大阪や神戸のワンルームマンションの魅力ですね」（Ｇさん）

その後Ｇさんは、２０１５年3月にかけて、わずか1年余りで計8室のワンルームマンションを取得しています。

それぞれの物件の場所は、神戸が1室（２０１４年2月取得）、大阪市福島区が1室（２０１４年3月取得）、福岡市が3室（２０１４年3月から6月に取得）、大阪市東成区が2室（２０１４年4月から6月に取得）、東京都板橋区が1室（２０１５年3月取得）。

神戸・大阪だけでなく、福岡や東京でもワンルームマンションを取得したのは、「地域を分散して市況変動リスクや災害リスクなどを抑える」ことが狙いだったそうですが、一気に8室を取得したことによって、たとえ1～2室空きが出ても家賃がゼロにはならない「空室リスク対策」もより万全になったといえそうです。

8室の購入金額は、合計で約1億3000万円にもなりました。

「与信枠をフル活用したので、これほどの金額でも問題なく買うことができました。おかげで月々の家賃収入は、管理費を差し引いても45万円ほどになっています。将来的には20室ぐらいまで増やして、月々100万円の収入を目指したいと思っています」と、Gさんは明確な目標を掲げています。

「まだ結婚したばかりですが、これから子どもが生まれ、家族が増えていくとなると、生活のためのしっかりとした収入基盤を築き上げておくことが大切です。その点、安定的な家賃収入が入ってくるのはありがたいことですし、フルローンを借りてワンルームマンションを購入すれば、団体信用生命保険（団信）に加入するので、万が一のときには生命保険代わりにもなります。いろいろな意味で安心ですね」（Gさん）

ただし、あまり借入金額が大きくなりすぎると、将来金利が上がったときに返済が苦しくなるので、なるべく自己資金を入れ、繰り上げ返済を行って、借金を減らしていきたいとのこと。実際、物件購入金額の約1億3000万円に対し、現在の残債は約8000

万円と、かなり借金を減らしてきました。

「毎月の返済によって残債は年間約２５０万円ずつ減り続けていますし、家賃収入からローン返済額を差し引いたキャッシュも年間１２０万円ずつ積み上がっているので、新たな物件を取得できる余裕も生まれるはずです。ある程度資金がまとまり、与信枠が広がったタイミングで、少しずつ物件を増やしていこうと考えています」（Ｇさん）

証券マンというと、ご自身の資産も株式や投資信託などで増やしているイメージがありますが、Ｇさんによると「じつは、金融投資以外の資産運用にも興味を持っていて、不動産投資をしている同僚や先輩は意外に多い」のだそうです。

「今後は、会社の同僚や後輩たちにもワンルームマンション投資の魅力を伝え、始めたいと思う人には、自分の経験を踏まえて積極的にアドバイスしていきたいですね」とＧさんは語ります。

第2章

マイナス金利の今がチャンス！ワンルームマンション投資を始めるべき理由

マイナス金利導入と与信枠の拡大で不動産投資のチャンスは広がっている

日銀がマイナス金利を導入した狙いとは？投資家にどんなメリットがあるのか？

第1章では、大阪のワンルームマンションを投資目的で購入した7人の方々に、

「なぜ不動産投資に興味を持ったのか？」

「なぜ東京や、そのほかの地方ではなく、大阪なのか？」

「実際に大阪のワンルームマンションを購入して、何がよかったか？」

といったことを率直に語っていただきました。

7人の成功談を読んで、大阪のワンルームマンション投資に対する興味が俄然湧いてきたという方も多いのではないでしょうか。そこで本章以降では、大阪のワンルームマンション投資の魅力を、ファイナンシャルプランナーの視点から、もう少し掘り下げて解説し

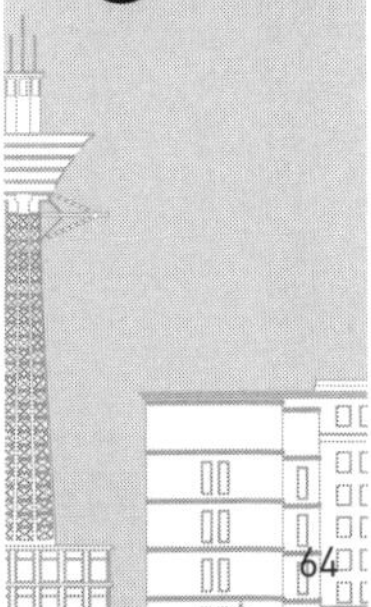

ていきたいと思います。

前著『ファイナンシャルプランナーが教える「大阪」ワンルームマンション投資術』でも、大阪のワンルームマンション投資の魅力や運用上のメリットについて詳しく解説しました。大阪のワンルームマンション投資に特化した書籍としては唯一なのではないでしょうか。続編となる本書では、その内容をもう一度整理し、さらにここ2年の経済情勢や社会情勢の変化を踏まえて、最新事情をお伝えします。

前著を上梓したのは２０１５年2月26日ですから、約2年が経過したことになります。その間、日本や世界の情勢は目まぐるしく変化し、2年前には想像もつかなかったような現象が次々と起こりました。

そのなかでも、不動産投資にかかわる最大の変化を挙げるとすれば、やはり「マイナス金利」の導入でしょう。

黒田東彦総裁率いる日本銀行（日銀）は２０１６年1月29日、民間銀行から新規に預かる当座預金について、それまでのように年０・１％の金利を支払うのではなく、逆に年０・１％の金利を受け取る制度の導入を決定しました。

これがいわゆる「マイナス金利」です。

通常、金利はお金を借りた人が貸した人に支払うものですが、マイナス金利とは、借りた人（日銀）が貸した人（民間銀行）から金利を受け取るという、これまでの一般常識で考えると何とも奇妙な仕組みなのです。

マイナス金利の状況下では、民間銀行は日銀にお金を預ければ預けるほど、損をすることになってしまいます。日銀はなぜ、そのような制度を導入したのでしょうか？

じつは、日銀がマイナス金利を導入したことは、民間銀行に「もうこれ以上、われわれ（日銀）にお金を預けるな」と言っているも同然なのです。

民間銀行が日銀の当座預金にお金を預けるのは、手元資金が余っているからです。本来、民間銀行は個人や企業などから預かったお金（預金）を、資金を求める個人や企業などに貸し付け（融資）、その金利のさや（利率の差）を取って利益を得るのが仕事です。

例えば、銀行が年0・01％の金利で預金を集め、それを年1・5％の金利で貸せば、手数料や税金などを差し引いても年1％前後の利ざやを取ることができます。ところが、2012年12月に第2次安倍晋三内閣が発足し、「アベノミクス」が始まった後も、日本企業の設備投資や日本のGDP（国内総生産）の約6割を占める個人消費は伸び悩みの状態が続いています。

これは、政府や日銀がいくら「景気が緩やかに回復している」と宣言しても、多くの企業や国民は先行きの不透明さに依然として不安を感じており、銀行からお金を借りてまで投資や消費を増やそうとは考えていないことを意味しています。

その結果、銀行には貸し出す当てのない預金がどんどん溜まっていきます。そうした資金をただ遊ばせておくよりも、たとえ年0・1%でも金利を受け取れる日銀の当座預金に預けておいたほうがよいというのが、民間銀行のこれまでの考え方だったのです。

ところが、マイナス金利の導入によってこの考え方は通用しなくなってしまいました。日銀の当座預金に預けておくと、金利を取られて預金がどんどん目減りしてしまうことになります。それなら預金を引き揚げて、別の貸し付けに回したほうが有利だと民間銀行は考えるようになるはずです。

そうした動きが広がれば、民間銀行から市中に出回る資金の量が増えて、日本経済全体が活性化するに違いないというのが日銀のマイナス金利導入の狙いだったのです。

残念ながら、現在のところ思惑通りに日本経済が好転する兆しは見えていませんが、このマイナス金利を含む「異次元の金融緩和」（量的・質的金融緩和）の推進によって年2

%のインフレを達成するのが黒田総裁の目標なので、それを実現するまではマイナス金利政策を継続する必要があるでしょう。

恐らくそれは、今後1年や2年で達成できるほど簡単な目標ではないと思われます。つまり、マイナス金利は今後しばらく続く可能性が高いといえそうです。

マイナス金利の導入とともに不動産投資用ローンの金利も低下

日銀がマイナス金利を導入したのは、要約すれば、民間銀行に対して、「余っているお金を遊ばせておくのではなく、もっと企業や個人に貸し出しなさい」と命じているのと同じことです。

先ほども述べたように、その狙いは銀行から市中に出回る資金量を増やすことで、企業による設備投資や個人消費を促し、日本経済を活性化させることにあります。しかし、読者の皆さんもお感じのように、マイナス金利導入後の日本経済は、いまのところ日銀が描いた絵のようには力強さを取り戻せていません。

理由としては、２０１６年に入ってからの急激な円高で、輸出産業をはじめとする日本企業の業績が下がり始めたことに加え、２０１４年4月に消費税率が5％から8％に引き上げられたことなどで個人消費が伸び悩んでいることなどが挙げられます。

また、２０１４年の夏以降、急速に進んだ原油安によって、中国をはじめとする新興国経済が減速していることも、日本経済の成長にブレーキをかける要因のひとつとなっていると考えられます。

どんなに市中に出回る資金量が増大したとしても、投資や消費の意欲が高まらない状態では、借り入れが増えるはずもありません。

景気の「気」は気分の「気」といわれますが、企業や国民が積極的に「お金を使いたい！」という気分にならないと、経済は拡大しないものです。その意味で、マイナス金利の効果はいまのところ十分に表れているとはいえません。

ただし、不動産投資においては、じつはマイナス金利の導入によって絶好のチャンスが到来しているともいえるのです。なぜなら、不動産投資用ローンの金利が、マイナス金利導入前に比べてかなり低下しているからです。

２０１２年12月にアベノミクスが始動して以来、住宅ローンや不動産投資用ローンの金利はじりじりと下がり続けてきました。マイナス金利の導入によって、この動きにますます拍車がかかったのです。

例えば、わたしが不動産投資を始める人に紹介している某銀行は、マイナス金利導入前の2015年ごろには、不動産投資用ローンの金利は年2~2・2%でしたが、マイナス金利導入後は年1・6~1・8%に低下しています。

じつに約0・4ポイントも金利が低くなったのです。

「たかがコンマ数ポイント」と思うかもしれませんが、不動産のように高額なものをローンで買った場合、購入金額が大きいだけに、わずかな金利の差でも返済額に大きな違いが出てくるのです。

仮に、販売価格2000万円のワンルームマンションを返済期間35年のフルローンで借り入れて購入したとしましょう。

左ページの**【図1】**のように、ローン金利が年2・2%の場合、総返済額は2869万5835円、月々の返済額は6万8323円となります。

これに対し、ローン金利が年1・8%なら、総返済額は2697万1415円、月々の返済額は6万4218円に下がるのです。

月々の返済額だけを比べると「わずか4000円程度」と思うかもしれませんが、総返済額で見れば、じつに約172万円もの開きが生じます。

改めて言うまでもありませんが、たとえコンマ数ポイントでも、金利が低ければ低いほど、借り入れの返済負担は大きく軽減されるわけです。

では、なぜマイナス金利導入によって、不動産投資用ローンの金利がこれほど低下したのでしょうか？

それは、ひと言でいえば、市中に出回っている資金の量に比べて、「お金を借りたい」という人の数が少ないからです。

「モノを買いたい」という人よりも、モノの

【図1】金利が下がると、返済負担はこんなに軽くなる

●借入額　2,000万円
●返済期間　35年

	金利2.2%の場合	金利1.8%の場合
総返済額	2,869万5,835円	2,697万1,415円
月々の返済額	6万8,323円	6万4,218円

約172万円も減額！　約4,100円も減額！

※金利が変動型の場合。手数料、保証料などは除く

量が少なければ価格は上がり、逆にモノの量が多ければ価格は下がるという「需要と供給のバランス」については、誰もがよくご存じのはず。じつはローンの金利も、同じように「借りたい人」と資金量の需給バランスによって変動します。

アベノミクスが始動して以来、住宅ローンや不動産投資用ローンの金利が大きく下がったのは、日銀の黒田総裁が２０１３年4月にスタートした「異次元の金融緩和」によって市中に出回る資金量が大幅に増えたからです。

つまり、「借りたい」という人に比べて、銀行が「貸せるお金」のほうが多くなったことで、モノが値崩れを起こすように、ローンの金利も低下したわけです。

マイナス金利導入以降、住宅ローンや不動産投資用ローンの金利がさらに低下したのは、日銀が民間銀行による当座預金への預け入れを抑え込むことによって、市中に出回る資金がさらに増えたからにほかなりません。

また、銀行にとって住宅ローンや不動産投資用ローンは、企業への融資に比べて契約を獲得しやすいローン商品であるといえます。

なぜなら、マイホームの購入を考えている人は、「低金利のいまのうちに買ってしまおう」というモチベーションが働きやすく、不動産投資を始める人にとっても「返済負担が少ないほど、投資によるキャッシュフロー（月々の家賃収入からローン返済額を引いた金額）も大きくなりやすい」というメリットがあるからです。

ほかの融資先に比べて「借りたい人」の予備軍が多いのですから、銀行はおのずと住宅ローンや不動産投資用ローンの契約を積極的に取ろうとします。

このとき、ほかの銀行も同じように契約獲得に動くので、銀行同士による「借りたい人」の争奪戦が繰り広げられることになります。

競争が激しくなると、1件でも多くの契約を獲得するために、他行よりも低い金利をオファーする銀行が次々と現れます。その結果、住宅ローンや不動産投資用ローンの金利はますます低下していくというわけです。

これらの動きによって、現在は2年前と比べると、不動産投資を始めるにはより有利な環境が整いつつあるといえます。

実際、わたしの会社でも、「投資目的で大阪のワンルームマンションを購入したい」という相談に来られる方が、前著を上梓した2年前に比べて格段に増えていることを実感しています。

与信枠が年収の8倍から10倍に拡大！ ローンがますます借りやすくなった

借り入れについては、マイナス金利導入に伴うローン金利の低下とともに、もうひとつ大きな変化がありました。

それは、銀行による与信限度額（以下、与信枠）の拡大です。

住宅ローンや不動産投資用ローンなどの借り入れが活況を呈していることを受けて、例えばある銀行は、以前は年収の8倍程度だった与信枠、つまり貸し出しの限度額を2016年4月ごろを境に10倍程度まで引き上げました。

つまり年収が500万円の人なら、以前はその8倍の4000万円程度までしか借り入れられなかったのが、いまは約5000万円まで借り入れられるようになったわけです。これは非常に大きな変化だと思います。

なぜなら、大阪のワンルームマンションは、中古であれば1000万円前後から買えるものも少なくありません。与信枠が1000万円分増えるということは、その気になれば、もう1室、中古のワンルームマンションを購入できることになるわけです。

実際、わたしの会社に不動産投資のご相談に来られるお客さまのなかには、与信枠が増えたことを機に、「大阪のワンルームマンションをもう1室購入したい」という方も少なからずいらっしゃいます。

東京の物件の場合、中古のワンルームマンションでも２０００万円前後するものが多いので、与信枠が１０００万円増えても手が届きませんが、大阪の中古ワンルームマンションの価格帯なら、無理なく購入できるのです。

大阪のワンルームマンションの「安さ」については、この後の第3章で詳しく解説しますが、新築でも２０００万円前後で購入できる物件がざらにあります。与信枠４０００万円だとギリギリですが、５０００万円まで借りられれば、余裕を持って新築を2室購入することも可能です。

もちろん年収が高ければ高いほど、借りられる額は大きくなります。

年収８００万円の方なら、従来は約６４００万円だった借り入れの限度額が約８０００万円に、年収１０００万円の方は約８０００万円が約1億円に増えるのですから、より多くの物件を買えるチャンスが広がったといえます。

効率的な資産運用を考えるのなら与信枠は積極的に活用すべき

チャンスが広がったといっても、読者のなかには、

「与信枠が広がったのはいいけれど、それを目いっぱい使うと、借金が膨らんで返済負担が重くなるのでは？」

と、心配される方もいらっしゃるのではないかと思います。

もちろん、借り入れられる金額が大きくなったからといって、その枠をすべて使い切る必要はありません。

いくらまで借りるのか、それによってワンルームマンションを何室購入するのかは、その方のライフプランやマネープランに応じて考えるべきです。

ただし、お金をより有効に活用して、資産運用になるべく弾みをつけたいのであれば、せっかくの与信枠を積極的に使うのもひとつの方法だと思います。なぜなら、不動産投資の〝元手〟を借り入れで賄うことによって、手元にある預貯金や現金を別の用途に活かす

余裕が生まれるからです。

ワンルームマンション投資を始めるにしても、あまり多くの借金を抱え込みたくないので、ある程度の自己資金（頭金）を用意して、借入額を減らしたいという方も少なくありません。

例えば、2000万円のワンルームマンションを購入するときに、手元に自己資金が300万円ある方なら、そのすべてを頭金にすれば借入額を1700万円まで減らすことができます。その分、返済期間は短くなり、月々の返済額を減らせるので、心理的負担もかなり軽減されることでしょう。

しかし、2000万円の物件を全額借り入れ（フルローン）で購入したとすれば、300万円の手持ち資金は、ほかの用途に使うこともできます。

つまり、一方では借入金を使って不動産投資をしながら、もう一方では手持ち資金を使って投資信託などを運用するといった分散投資も可能になるわけです。

また、子どもの教育資金や老後のための資金として、あるいは生活費が足りなくなったときの補助として、現金や預貯金はある程度確保しておきたいという方も多いでしょう。

フルローンでワンルームマンションを購入すれば、そうした「将来のためのお金」や「いざというときのためのお金」を温存することもできます。

与信枠が増えれば、複数のフルローンを組める余裕が生まれるわけですから、そのメリットを活かさない手はありません。

ちなみに、第1章でもご覧いただいたように、わたしが大阪でのワンルームマンション投資をお手伝いした不動産投資の成功者の多くは、与信枠を目いっぱい活用して、数室から十数室ものワンルームマンションを購入しておられます。

成功者がより多くの物件を購入した理由は、

「せっかくたくさん買える枠が与えられたのだから、それを利用しない手はない」

と思ったからです。

当然ながら、どんなに大阪のワンルームマンションの価格が安いとはいっても、新築で2000万円前後はするのですから、2室購入すれば約4000万円、3室なら約6000万円と用意すべき資金はどんどん膨らんでいきます。

コツコツ預貯金や積み立てに励んで、金融資産を一定金額にまで増やした50代や60代ならともかく、まだ年収の低い20代、日々の生活や子育てにお金のかかる30～40代は、数千万円ものお金を自前で用意するのは大変です。その点、銀行の与信枠を目いっぱい活用すれば、たとえ年収の低い20代でも数千万円の投資をすることが可能です。

しかも、35年などの長期返済にすれば、月々の返済額はかなり抑えられるので、家賃収入からローン返済額を差し引いても、持ち出しにならないようにすることもできます。

つまり、ほぼ自己負担ゼロで、数千万円もの大きな投資が実現できるわけです。

もちろん、物件の数が増えれば増えるほど返済負担は大きくなりますが、その分、得られる家賃収入も増えるので、将来への備えがより万全になります。35年後にローンを完済すれば、数室分の家賃収入が、ほぼ丸ごと自由に使えるようになるからです。

また、複数の物件を取得するのは、後ほど第4章で解説する「空室リスク」や「家賃下落リスク」「災害リスク」などのリスクを分散するうえでも効果的です。その意味でも、せっかく複数の物件を買える与信枠が与えられているのなら、1室よりは2室、2室よりは3室購入したほうが合理的だといえます。

繰り返しになりますが、わたしは、与信枠をどこまで使うのかは、その人ごとのライフプランやマネープランに応じて判断すべきだと思います。

そのうえで、せっかく与えられた与信枠を有効活用せず、〝宝の持ち腐れ〟にしてしまうのは、何となくもったいないように感じます。

これからマイホームを買う人は その分の与信枠を残しておく

もしも、あなたがこれからマイホームを購入するつもりであれば、その分の与信枠だけは、しっかりと残しておくべきです。

仮に年収が500万円の方で、約5000万円の与信枠が得られたとしても、近い将来、マイホーム購入のために3000万～4000万円は借り入れをしたいと考えているのなら、不動産投資のための借り入れは、せいぜい1000万円以下にとどめておくのが望ましいでしょう。

さもないと、後でご自分で「マイホームを買いたい」と思ったときに銀行からお金を借りられず、ライフプランが大きく狂ってしまう可能性があります。

そもそもワンルームマンション投資は、多くの方にとって「ゆとりのある人生」を手に入れるための手段のひとつです。その手段を行使することによって、人生の大切な基盤であるマイホームの購入チャンスを失ってしまったのでは、本末転倒以外の何ものでもありません。

もっとも、「いずれマイホームは購入したいけど、少なくともあと10年は借家でも構わない」というように時間にゆとりのある方なら、ひとまずは与信枠を多めに使ってみてもいいかもしれません。

10年も時間があれば、たとえ35年ローンでも3分の1弱程度は与信枠を取り戻せるはずですし、その間に年収が上がれば、与信枠はさらに広がります。

このように与信枠は、「使えるタイミング」で、「効率よく使う」のが賢明な利用方法であるといえます。

以上のように、「マイナス金利の導入」と「与信枠の拡大」によって、不動産投資のチャンスはどんどん広がっています。

第3章では、そのなかでも「大阪のワンルームマンション投資」の魅力について詳しく語っていきます。その前提として、これから不動産投資を始めたいと考えている方にとっては、いま、かつてないほど大きな〝追い風〟が吹いているのだということは覚えておいてください。

なぜワンルームマンション投資が熱いのか？改めて、その魅力を考える

高まる年金不安やアベノミクスの変調でますます脚光を浴びる不動産投資

わたしはファイナンシャルプランナーとして、これまで数多くの方々のライフプランやマネープランづくりをお手伝いしてきました。

その一環として、東京よりも取得価格が安く、その分、高い利回りが期待できる大阪でのワンルームマンション投資をサポートしています。

すでに前著をお読みになった方には、「なぜ大阪のワンルームマンション投資なのか？」「ワンルームマンション投資が、なぜライフプランやマネープランを成就させるのに有効なのか？」といったことは十分ご理解いただいていると思います。ここでは、まだ前著を読まれていない方のために、改めてワンルームマンション投資の魅力について、簡単にお

さらいしておきたいと思います。

わたしがワンルームマンション投資をお勧めするのは、老後のお金などを心配することなく、安心した人生を送るためには、ワンルームマンションを経営することが最も有効な解決策のひとつだと考えているからです。

恐らく読者の皆さんもそうだと思いますが、わたしが主催するセミナーに参加したり、相談に訪れたりする方々の多くは、

「将来の年金制度は本当に大丈夫なのか？」

「〝下流老人〟という言葉を雑誌やインターネットでよく目にするが、年金だけを当てにしていて老後の収入に不安はないのか？　手をこまねいていると、いつかは自分も〝下流〟に転落してしまうのではないか？」

といった心配事を抱えておられるようです。

結論から言うと、わたしは公的年金が破たんする可能性は低いと思っていますが、受給額がどんどん減り、受給開始年齢が徐々に引き上げられていくことは避けて通れないとみています。

なぜなら日本の公的年金制度は、運営の仕組みそのものに無理があるからです。

ご存じの方も多いと思いますが、日本の公的年金は「賦課《ふか》方式」というやり方で年金を支払うための原資を工面しています。

賦課方式とは、現役世代が支払った年金保険料を、そのまま高齢者に支払う年金に充てる方法です。自分が支払った保険料は預金のように積み立てられ、受給年齢になると、それを取り崩して年金が支払われるのではないかと思っている方もいるようですが、そうではありません。いま、わたしたちが支払っている保険料は、わたしたち自身ではなく、わたしたちの親や祖父母のための年金として使われているのです。

そして、ここで問題となるのが「少子・高齢化」です。

少子化によって保険料を支払う現役世代が減り、高齢化によって年金の受給者が増えれば、1人当たりの年金受給額がどんどん減っていくのは自明の理です。

政府は年々減り続ける保険料収入を国の財政で何とか補っていますが、その結果、国債などの「国の借金」はどんどん膨らみ、いまやその額は1000兆円を超えています。

今後さらに少子・高齢化が進めば、借金だけでは補い切れなくなり、給付額の抑制や受給開始年齢の引き上げに踏み切らざるをえなくなることは、まず間違いありません。

年金そのものが破たんすれば、社会に大混乱を引き起こすので、国はどうにか制度を守り通そうとするはずです。しかし、年金だけを当てにしていたら老後生活が維持できないような状況が訪れる可能性は、かなり高いといえるでしょう。

では、〝下流老人〟にならないように、不足する年金を補えるだけの十分な収入を確保するにはどうすればいいのでしょうか?

株式投資やFXなどで資産を増やすのも、ひとつの方法だとは思います。しかし、これらの投資は〝相場の動き〟に翻弄されやすいものです。特に2016年に入ってからは、それまでのアベノミクスによる株高や円安に変調が表われ、株やFXでかなりの痛手をこうむった方も多いと聞いています。

余裕資金を使って投資をするのならともかく、「絶対に減らしたくない」老後のための生活資金は、より手堅い方法で運用すべきだといえるでしょう。

そこで注目したいのが不動産投資、特に「ワンルームマンション投資」なのです。

不動産投資は、株やFXと違って、相場の動きによって大きく儲けられる投資ではありませんが、その半面、価格が急落して損失を出すリスクもそれほど大きくありません。

また、不動産投資は、どちらかといえば、値上がり益を狙うというよりも、コツコツと

「家賃収入」を稼ぐことが王道です。

つまり、家賃収入をベースとする不動産投資は、株やＦＸと違って相場に影響されにくく、安定収入を継続しやすいのが大きな魅力だといえます。

キャピタルゲインとインカムゲイン 投資でどちらを追求する？

繰り返しになりますが、株やＦＸと不動産投資の大きな違いは、前者は「値上がり益」の追求に重きを置くことが多いのに対し、後者は「家賃収入」の安定的な確保を主な狙いとする点です。

投資の世界では、値上がり益のことを「キャピタルゲイン」、家賃収入や利息、配当などのことを「インカムゲイン」と呼びます。不動産投資は、株やＦＸと違って比較的安定的なインカムゲイン（家賃収入）を継続的に受け取れるのが大きな特徴です。

株式投資やＦＸをしたことのある方なら、これらの取引でも配当や利息などを受け取ることができるのはご存じでしょう。

しかし、株式の配当は、企業の業績によって増えたり減ったりしますし、場合によっては無配となる（支払われない）こともあります。ＦＸによる利息収入も、取引する通貨同士の金利の差によって決まるので、差が広くなると大きな収入が得られますが、差が縮めば収入も少なくなります。また、場合によっては利息を受け取るのではなく、支払わなければならなくなることもあります。

これらに比べると、不動産投資による家賃収入は比較的安定しています。もちろん建物の老朽化や、周辺の家賃相場の変動などに応じて家賃を下げなければならなくなる（利益が下がる）ことはありますが、株式の配当やＦＸの利息収入と違って、短期で大きく変動するリスクは小さいといえます。

しかも、後述するように、立地や物件の種類を適切に選びさえすれば、「家賃下落リスク」はかなり抑え込むことが可能なのです。

物件の築年数が古くなるにつれて、月々の家賃を7万円から6万8０００円、6万5０００円と下げていかざるをえないことは確かですが、それでも、時間をかけて徐々に下がっていくのが一般的（ただし、最近家賃が上がった物件もあります）。株やＦＸのインカムゲインと違って、一気に半額になるようなことは滅多にありません。不足する年金を補うための副収入源としては、非常に頼もしい存在といえるのではないでしょうか。

一方で、キャピタルゲインを追求したいと考えるのなら、不動産投資よりも、むしろ株式投資やＦＸのほうが有利であることは間違いないと思います。

不動産投資におけるキャピタルゲインとは、取得した不動産の価格が購入時よりも上昇した時点でそれを売却して利ざやを得ることです。しかし、アパート・マンションやビルなどの建物は、経年劣化によって資産価値が下がっていくものですし、土地にしても、人口減少の進行とともに価格が下がっていくことは目に見えています。

もちろん、東京の都心部や大阪の中心部のように、流入人口や訪日観光客の増加とともに地価が上昇している地域もありますが（大阪の商業地の地価上昇率は２０１６年全国1位。詳しくは第3章で解説します）、日本全体で見れば、人口減少とともに土地が余ることによって、価格が下がっていく傾向にあります。

一時的なバブルなどによって、地価が上がる可能性はまったくないとはいえないものの、キャピタルゲインを狙えるチャンスはかなり限定的であるといえます。

しかも、アパート・マンションやビルなどの不動産は、株や為替と違って、そう簡単には売れません。株は証券会社、為替はＦＸ会社を通じていつでも売買できますが、不動産は「買い手」が見つからないことには売却できないため、無理に売ろうとすると足元を見られて買い叩かれてしまうこともあるのです。

これらの点を総合的に考えると、不動産投資はキャピタルゲインよりもインカムゲインを追求するのに適した投資であるといえるでしょう。

なお、さまざまな不動産のなかでも、ワンルームマンションは比較的「売りやすい」物件であるといえます。1棟もののアパート・マンションのように数億円もする物件と違って、せいぜい数百万円から1000万円台と金額が比較的小さいため、買い手が見つかりやすいからです。

さすがに大きな値上がり益は期待できませんが、立地や建物の状態などをしっかり見極めれば、さほど価格を下げずに売却することも不可能ではありません。

特に、わたしが多くのお客さまに紹介している「大阪中心6区」（北区・中央区・福島区・西区・浪速区・天王寺区）は、ワンルームマンションの需要が高く、物件の売買も盛んな地域です。大阪のワンルームマンションは東京のワンルームマンションに比べて取得価格が安いことが最大の魅力ですが、いざとなったら売りやすいことも魅力のひとつだといえるでしょう。

年収500万円の人でもワンルームマンションなら手が届く！

このように、価格が手ごろで、いざとなったら「売りやすい」のがワンルームマンションの特徴ですが、価格の安さは、「買いやすさ」にも結び付いていることは言うまでもありません。

前著『ファイナンシャルプランナーが教える「大阪」ワンルームマンション投資術』では、「年収500万円でも大家さんになれる！」というキャッチフレーズを掲げ、多くの投資家の方々から大反響をいただきました。

20〜30代の若いビジネスマンの方々から、「本当に自分の年収でも、ワンルームマンションが買えるの!?」というお問い合わせをいただき、そのうちの多くの方が、実際に大阪でのワンルームマンション投資を始められています。第1章で紹介した体験談の中にも、20〜30代で投資を始めた方が5人もいらっしゃいます。

前著を読まれていない方のために改めて説明しますが、年齢にかかわらず、一定の条件さえクリアしていれば、誰でもフルローンを組んでワンルームマンションを購入することはできます。その一般的な条件とは、次の通りです。

融資条件の例

- **原則年収５００万円以上（マイナス金利の実施後は４５０万円以上あれば審査可能に）**
- **公務員か上場企業、もしくはそれに準ずる企業勤務、医師や教員等国家資格取得者**
- **勤続年数３年以上**

もちろん、金融機関によって条件は若干異なりますが、右のような条件を備えていれば、おおむねフルローンを受けることは可能です。

上場企業にお勤めの方であれば、勤続年数が5～6年でも年収４５０万円を超えている方は少なくないでしょう。つまり、早い方なら20代からでもワンルームマンション投資を始められるチャンスは十分にあるのです。

しかも、この章の冒頭で述べたように、２０１６年4月ごろから与信枠が広がったことによって、以前よりも借り入れられる金額は大きくなっています。

かつては、年収500万円なら約8倍の約4000万円までしか借りられなかったのが、現在では約10倍の約5000万円まで借りられるようになっています。

約5000万円の与信枠をフルに使えば、価格の安い大阪のワンルームマンションなら、新築で2室、中古であれば4室購入することも可能です。

つまり、20代にして複数のワンルームマンションのオーナーになることも、決して夢ではないのです。

若いうちから始めれば キャッシュフローは十分確保できる

ワンルームマンション投資に限らず、インカムゲインを主目的とする不動産投資は、いかにキャッシュフローを生み出せる仕組みを作るかが肝心です。

キャッシュフローを生むためには、なるべく安定的な家賃収入を確保し、月々のローン返済額をいかに抑えるかが大きなポイントになります。

第3章で詳しく説明するように、わたしが個人投資家の方々にご紹介している「大阪中心6区」のワンルームマンションは、「空室リスク」や「家賃下落リスク」が相対的に低く、安定的な家賃収入が期待できます。

しかも、新築でも2000万円前後で購入できるので、中古に比べると高めの家賃収入が安定的に得られるはずです。

そうなると、問題は月々のローン返済額をいかに抑えるかですが、20～30代から投資を始めれば、最長35年の返済期間を設定できるので、月々の返済額を家賃収入以下にすることも十分可能です。要するに、なるべく若いうちに投資を始めれば、現役世代のうちからキャッシュフローを確保できるのです。

実際に得られる月々のキャッシュフローは、恐らく数千円から1万～2万円前後にしかならないと思いますが、少なくとも持ち出しになることはないでしょう。つまり、ローン返済のために預貯金を取り崩したり、生活費を犠牲にしたりしなくても、投資を続けられるわけです。

しかも、ローンの返済が終了すれば、家賃収入のほぼ満額をキャッシュフローとして受け取れるようになります。現役世代のうちに苦労をすることなく、老後生活のための副収入源を確保できることになります。

40～50代からでもワンルームマンション投資は始められる

では、40～50代の人はどうでしょうか？　ワンルームマンション投資を始めるには、年齢的に遅すぎるのでしょうか？

結論から言うと、そんなことはありません。

確かに年齢が高くなればなるほど、設定できるローンの返済期間は短くなります。一般に、不動産投資用ローンは79歳までに完済することが条件とされているので、35年ローンを組もうと思えば、44歳までに借り入れをしなければなりません。その後は、45歳なら最長34年、50歳なら最長29年……と、設定できる返済期間がどんどん短くなっていきます。

そして、返済期間が短くなればなるほど、月々の返済額も上がります。場合によっては、ワンルームマンション投資によって得られる家賃収入よりも、月々のローン返済額のほうが高くなって、赤字になってしまうこともあります。

しかし、赤字を出さないキャッシュフローを実現するための方策が2つあります。

ひとつは、なるべく安い物件を取得して借入額を減らすこと。もうひとつは、ある程度自己資金を入れて借入額を抑えることです。

返済期間が短くなっても、借入額が少なければ月々の返済額は抑えられます。例えば、新築ではなく築浅（築10年程度まで）の中古物件を買えば、家賃収入はそれほど変わらないのに、取得価格を抑えられるケースも珍しくはありません。

「大阪中心６区」のワンルームマンションを例に挙げると、新築は２０００万円前後、築浅は１３００万〜１４００万円前後といったところが相場です。ところが、月々の家賃は新築も築浅も7万円前後と、それほど大きく変わりません。つまり、築浅の物件を買えば、新築とほぼ同じ家賃収入を確保しつつ、借入額を減らすことができるのです。

もちろん、新築に比べると中古のほうが修繕その他の費用がかかりやすいというデメリットはありますが、それを踏まえても検討に値する解決策だといえるでしょう。

また、子どもが大きくなって、教育費などのお金がさほどかからなくなった50代の方であれば、余裕資金を自己資金（頭金）として入れることによって、借入額を減らすこともできます。

ただし、50代も後半になると、借り入れの審査がまったく通らなくなってしまうケースが多いので、決断するなら早いほうがいいでしょう。54歳までであれば、返済期間は最長25年まで短くなりますが、借り入れは可能です。

不動産投資用ローンは生命保険代わりに利用できる

意外に知られていない事実ですが、不動産投資用ローンには、じつは生命保険の代わりとして利用できるメリットがあります。

マイホーム購入のために住宅ローンを利用したことのある方なら、ローン契約に際して「団体信用生命保険」(以下、団信)に加入することはご存じでしょう。同じように、不動産投資用ローンを契約する場合にも団信への加入が不可欠ですが、これが生命保険の代わりになるのです。

団信は、ローンの返済義務を負う人が被保険者となり、その人が死亡したり、高度障害になって返済不能になったりした場合、保険金が下りてローンの残債をすべて支払ってくれるというものです【図2】。

つまり、これに加入しておけば、ほかに生命保険などに入っていなくても、残された家族を借金の返済で苦しませることがなくなるわけです。

もしも、すでに生命保険に入っているのであれば、二重に保険をかけることになってしまうので、生命保険のほうは見直してもいいかもしれません。その分、月々の保険料の支払いが安くなり、家計はかなり助かるはずです。

ちなみに、団信の保険料は月々のローン返済額に含まれており、ローンを返済すれば、知らず知らずのうちに支払われる仕組みになっています。

わたしがワンルームマンション投資をお

【図2】団体信用生命保険（団信）の仕組み

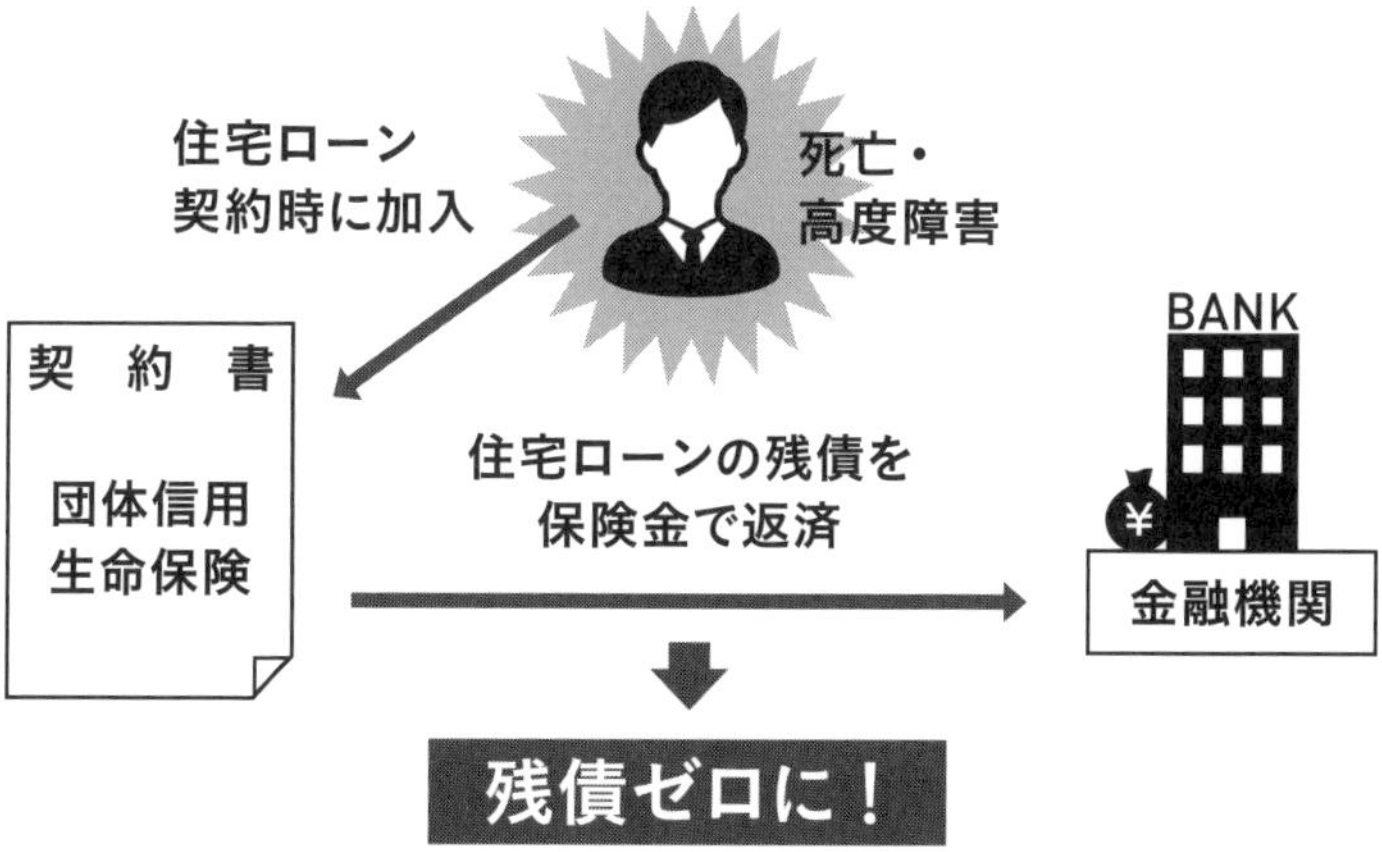

手伝いしたお客さまのなかには、大手生命保険会社にお勤めの方もいらっしゃいます。

その方は、

「ワンルームマンション投資は、自分の勤務先の生命保険に加入するよりもお得だ」

と、驚いておられました。

この方は56歳ですが、80歳まで1600万円の死亡保障が付いた生命保険に加入すると、月々2万5531円の保険料を支払わなければならない計算でした。

結局この方は、生命保険には入らず、わたしの会社を通じて1700万円の大阪の新築ワンルームマンションを購入されたのですが、そのうちの1610万円を年利2・35%、23年返済の不動産投資用ローンで工面したところ、月々のローン返済額は7万5667円となりました。家賃収入5万6430円（サブリース）が入り、負担額は管理費などを引いても2万4937円。もちろん、この契約には団信も含まれています。

つまり、生命保険料よりも安い月々の負担額によって、死亡保障が受けられるだけでなく、マンション保有という結果を手に入れたのです。「まるで夢のようだ」と、この方は非常に満足されていました。

しかも、後述するように、ワンルームマンション投資を始めると、建物の減価償却費やローンの利息（建物部分）など、さまざまな必要経費を不動産所得から差し引くことができるので、所得税・住民税の節税効果も期待できます。

生命保険料の支払いも、確定申告で「生命保険料控除」を行えば所得から差し引くことができますが、その金額はせいぜい10万円程度にすぎません。不動産投資による必要経費の控除額は、ケースによっては、さらに大きくなる場合もあります。

要するに、節税効果を高めるうえでも、生命保険に加入するより、ワンルームマンション投資を始めたほうがお得になることが多いのです。

必要経費を計上すると税金が安くなることも！

ワンルームマンション投資では、所得税・住民税の節税効果が期待できるという話をしましたが、もう少し詳しく解説しましょう。

一般にサラリーマンの方は、払いすぎた所得税は年末調整によって取り戻すことになっていますが、入院などによって多額の医療費を支払った場合や、生命保険料や個人年金保険料などを支払った場合などは、確定申告をすると、さらに多くの税金を取り戻すことができます。

また、サラリーマンの方でも、本業以外に不動産投資を行っている方は、その収支と支払うべき税金について確定申告をしなければなりません。つまり、ワンルームマンション投資を始めた人は、確定申告が不可欠となります。

確定申告では、サラリーマンとしての給与所得と、ワンルームマンション投資による不動産所得を損益通算することができます。

例えば、①建物の減価償却費、②不動産投資用ローンの利息（建物部分のみ）、③管理費・租税公課、④そのほかの経費——などの必要経費の合計が家賃収入を上回った場合、不動産所得は赤字と見なされるので、その分を給与所得から差し引くことができます。

これによって所得総額（給与所得＋不動産所得）が下がると、所得税そのものも安くなるのです【図3】。

例えば、給与所得が700万円、不動産所得が100万円の赤字の場合、所得税はどうなるでしょうか？

所得税額は【図4】のような計算式で算出しますが、これに当てはめて計算してみまし

【図3】 不動産投資の必要経費とは？

不動産の必要経費

建物の減価償却費	ローンの利息（建物部分）
管理費・租税公課	そのほかの経費

↓

家賃収入 ＜ 必要経費

↓

不動産所得は赤字

【図4】 所得税の計算方法

課税所得 × 税率 ー 控除額 ＝ 所得税額

所得税額の速算表

課税所得金額	税率	控除額
195万円以下	5%	0円
195万円超～330万円以下	10%	97,500円
330万円超～695万円以下	20%	427,500円
695万円超～900万円以下	23%	636,000円
900万円超～1800万円以下	33%	1,536,000円
1800万円超～4000万円以下	40%	2,796,000円
4000万円超	45%	4,796,000円

ょう（2016年度の場合）。

まず、所得総額が700万円の給与所得だけなら、所得税額は97万4000円です。

これに対し、700万円の給与所得とマイナス100万円の不動産所得を損益通算して所得総額が600万円になると、所得税額は77万2500円に下がります。さらに住民税も一律10％かかるので、翌年は約10万円安くなります。

このように、給与所得と不動産所得を損益通算すると、かなり税金が安くなるケースもあります。実際、こうした節税効果を狙ってワンルームマンション投資を始める方も少なくありません。

ワンルームマンションは相続対策にも有効！

以上のように、ワンルームマンション投資が節税に有利な投資であるということは、よくおわかりいただけたのではないかと思います。

このほか、最近では、相続税対策としてワンルームマンション投資に着目する方も増えているようです。

ご存じのように、２０１５年1月1日の相続税制改正によって、相続税の基礎控除が大幅に引き下げられ、相続税率も最高税率が50％から55％に引き上げられました。

以前は、基礎控除額が「５０００万円＋（１０００万円×法定相続人数）」だったので、例えば相続人が妻と子ども2人の計3人なら、相続財産が８０００万円以下であれば税金はかかりませんでした。

しかし、改正後は基礎控除が「３０００万円＋（６００万円×法定相続人数）」に引き下げられたため、相続人が3人の場合は相続財産が４８００万円超あると、相続税の申告を行わなければならなくなりました。これによって、全国の相続税の申告・納税対象者は一気に増加したといわれています。

相続税対策のなかでも、特に有効とされているのが賃貸不動産への資産組み換えです。

例えば現金や預貯金は、そのままの金額が相続税評価額となりますが、不動産の場合は、時価に比べてかなり安く評価されます。しかも賃貸用の土地・建物なら、評価額がさらに下がって、納めるべき相続税もかなり減額されるのです。

一概には言えませんが、資産を賃貸用不動産に組み換えると、現金や預貯金で保有するのと比べて、評価額が4～5割に下がるケースもあるようです。

しかし、ここで起こりやすいのが、いわゆる〝争族〟の問題です。

現金や預貯金であれば、複数の相続人が公平に分け合うことができますが、1棟ものの賃貸アパート・マンションなどに組み換えるとなると、切り分けは不可能です。

共同名義で所有するという方法もないわけではありませんが、後々、どちらか一方の相続人が「売却したい」とか「取り壊して、別の用途に使いたい」などと言い出して、トラブルに発展するケースが後を絶ちません。

資産を賃貸用不動産に組み換えるのであれば、切り分けがしやすいという観点からも、複数の物件に組み換えるのが望ましいといえます。

その点、ワンルームマンションは理想的です。

例えば、相続人が3人であれば、6000万円で1棟もののアパートを取得するよりも、立地や築年数などの条件が近い2000万円のワンルームマンションを3軒購入したほうが公平に分けやすいことは言うまでもありません。

このように、ワンルームマンションは1棟ものなどに比べて価格が安く、〝争族〟対策に適していることも大きなメリットだといえます。

特に大阪のワンルームマンションは、東京の物件に比べて価格が安いものが多いため、同じ資産規模でも複数の物件を取得しやすいというメリットがあります。

相続人の数が多い方ほど、大阪のワンルームマンションを資産の組み換え先として検討する価値は大きいといえるでしょう。

第3章

なぜ「大阪」で「ワンルームマンション」なのか？

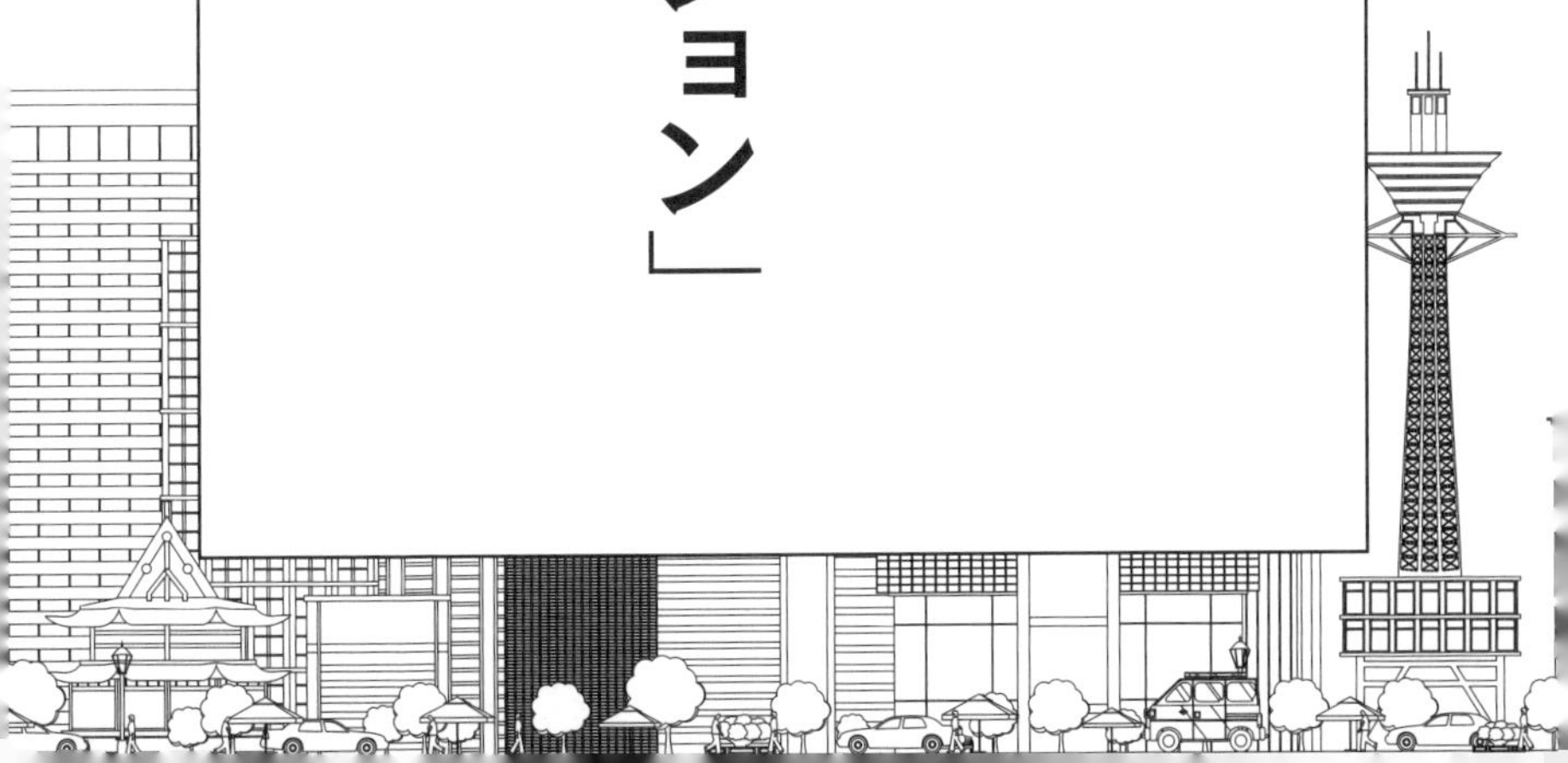

東京よりも安くて、高利回り！「大阪」ワンルームマンションの魅力

東京より１５００万円安い物件も！割安な大阪のワンルームマンション

本章ではいよいよ、本書のメインテーマである、大阪でのワンルームマンション投資のメリットについて、掘り下げて解説していきたいと思います。

大阪のワンルームマンションの最大の魅力は、まずは何と言っても、東京の物件に比べると〝破格〟ともいえるほど価格が安いことです。実際にどれほど安いのか? 具体的なデータや事例を挙げながら、詳しく検証してみることにしましょう。

まずご覧いただきたいのは、左ページの【図5】首都圏の新築ワンルームマンション価格の推移と、【図6】近畿圏の新築ワンルーム マンション価格の推移です。

両者の２０１６年のデータを見ると、首都圏の新築ワンルームマンションの平均価格

【図5】首都圏 新築ワンルームマンション価格推移

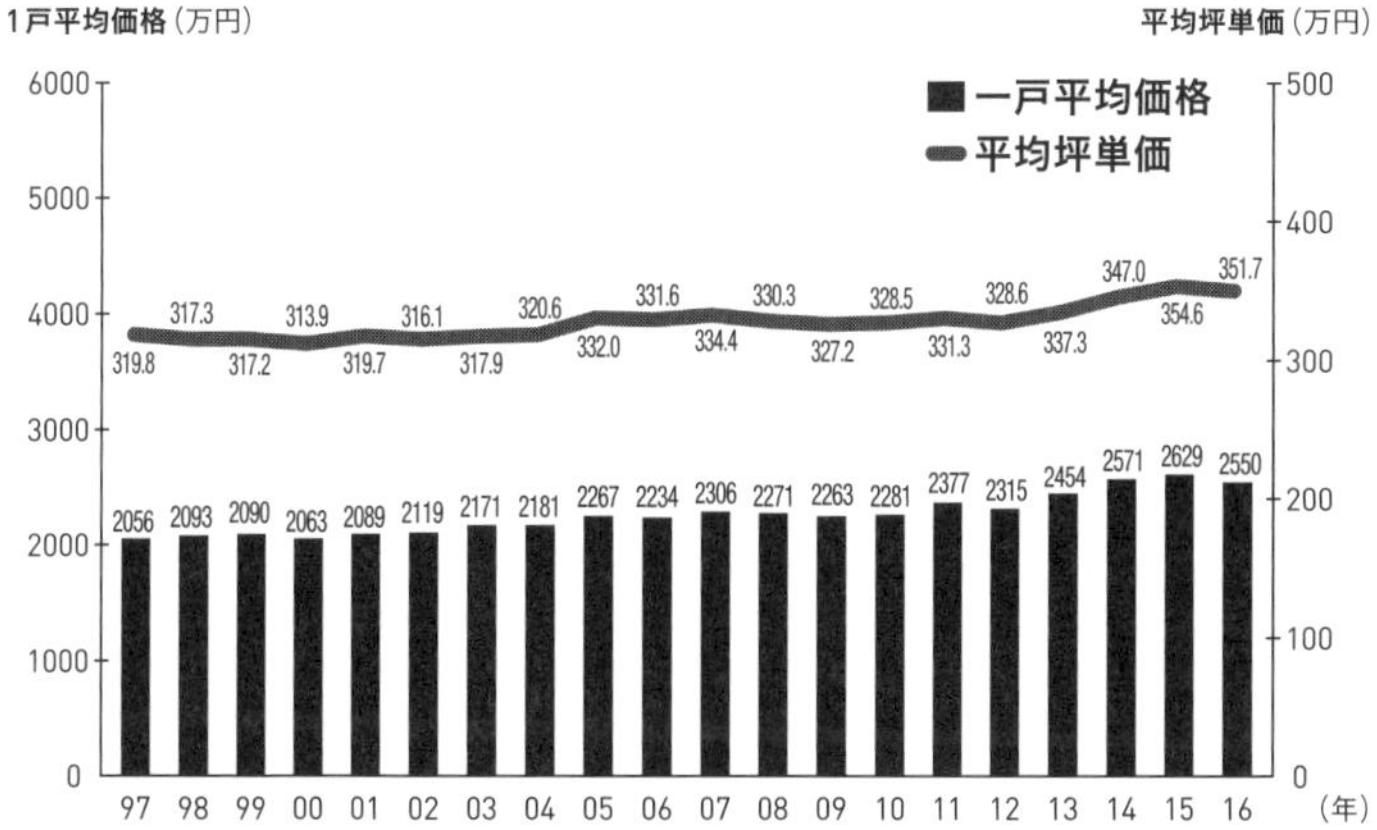

出所：東京カンテイ　（※2016年は1～4月）

【図6】近畿圏 新築ワンルームマンション価格推移

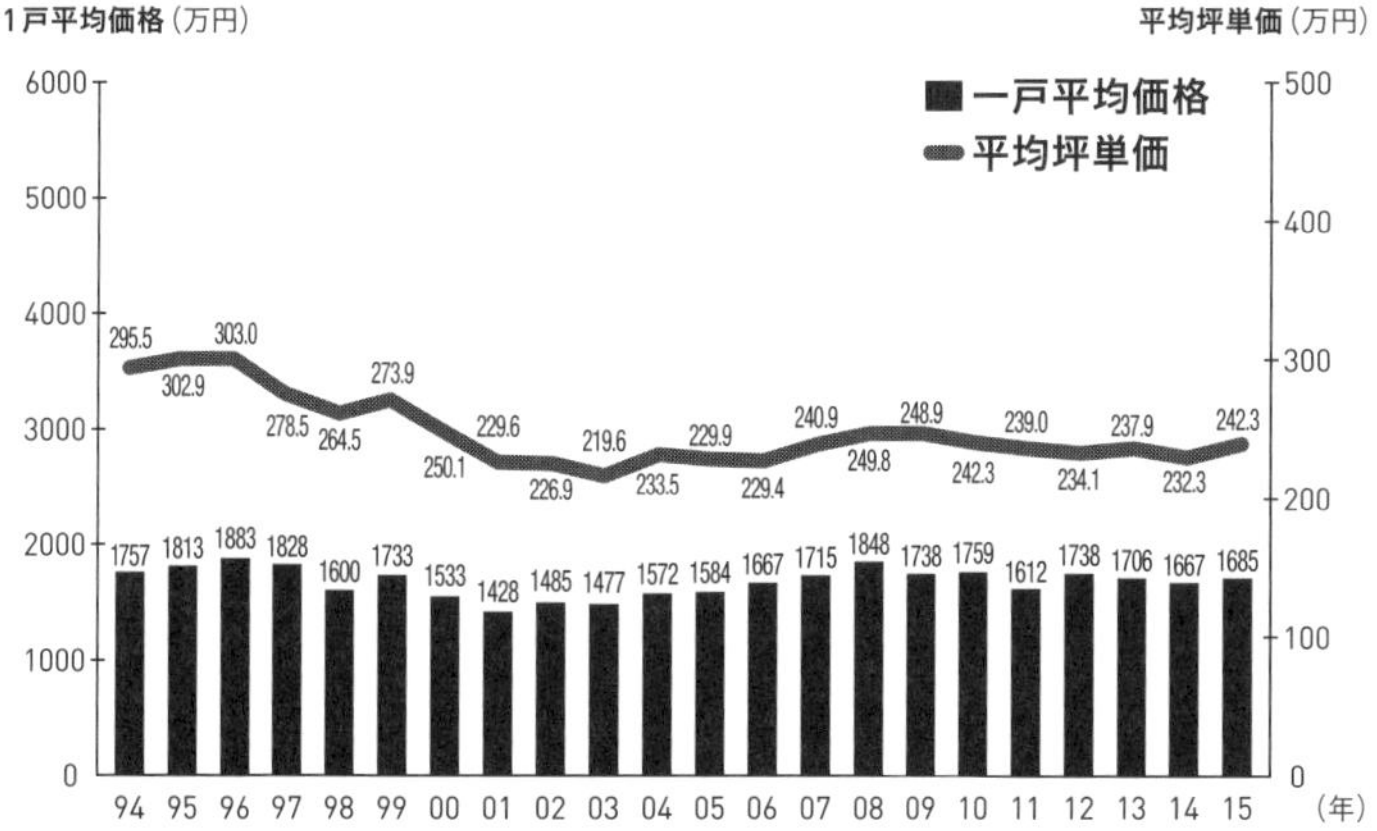

出所：東京カンテイ　（※2016年は1～4月）

は2550万円。それに対し、近畿圏の新築ワンルームマンションの平均価格は1685万円と、じつに865万円もの開きがあります。

もちろん、首都圏や近畿圏といっても、そのエリアはかなり広く、同じ首都圏でも東京の都心部と、千葉県や埼玉県、神奈川県の郊外などでは、物件価格に大きな差があります。同様に近畿圏でも、大阪市の中心部と、京都府や兵庫県、奈良県などの郊外では、価格がずいぶんと異なるものです。

これはあくまでわたしの経験に基づく感覚ですが、東京のど真ん中に位置する中央区や港区では、専有面積25平方メートルの一般的なワンルームマンションでも、物件価格が3500万円から4000万円ほどするものがざらにあるようです。首都圏の平均価格よりも、さらに1000万円ほど高いという印象があります。

では、大阪の中心部はどうでしょうか？

わたしは、投資家の方々に「大阪中心6区」（北区・中央区・福島区・西区・浪速区・天王寺区）および「新大阪」のワンルームマンションを主に紹介していますが、このうち、東京でいえば千代田区や港区に相当する大阪市北区、中央区の新築ワンルームマンションは、同じような専有面積でも、1900万〜2100万円といったところが相場です。

つまり、同じ「中心部の一等地」というくくりで比較すると、大阪の新築ワンルームマンションは、東京の新築物件に比べて１５００万〜１８００万円ほど安く買える計算になります。この取得価格の差は非常に魅力的といえるのではないでしょうか。

言うまでもなく、不動産投資においては、「物件をなるべく安く取得すること」が収益を最大化するための大前提です。安く取得できればできるほど、キャッシュフローが大きくなるだけでなく、ローンも早く完済できるからです。

ただし、十分なキャッシュフローを確保するためには、それなりの家賃水準を維持しなければなりません。どんなに取得価格が安く、ローンの借入額が少ない物件でも、家賃水準が極端に低いと、月々のローン返済額が家賃収入を上回って、キャッシュフローが赤字になってしまいます。

大阪市北区、中央区の場合、新築ワンルームマンションの家賃相場は月7万円前後といったところです。これは、東京都港区界隈の約12万〜13万円と比べるとかなり安めですが、それでも現在の超低金利なら、フルローンを組んでも返済期間を長めにすれば、月々の返済額を7万円以下に抑えることは不可能ではありません。

一方、東京都中央区や港区の新築ワンルームマンションは、物件価格が３５００万〜

4000万円もするので、フルローンを組んで35年長期返済にしても、月々のローン返済額が月12万〜13万円の家賃収入を上回って、赤字になってしまうケースも珍しくないようです。

物件価格の安さが、いかに不動産投資の成否を分ける重要なポイントであるかということがおわかりいただけると思います。

また、利回りにおいても、価格が安い大阪のワンルームマンションは東京の物件と比べて有利になるケースが多いという実感があります。

左ページの【図7】は、東京都港区と大阪市北区の新築ワンルームマンションの表面利回りを比較したものですが、中心部の一等地で駅近、しかも、ほぼ同じ専有面積にもかかわらず、表面利回りは東京都港区の物件の年3・87%に対し、大阪市北区の物件は4・56%と、0・7ポイント近く高い水準となっています。

大阪と東京の家賃収入額を比べると、大阪市北区の物件が月6万8500円なのに対し、東京都港区の物件は月12万3000円と倍近くも高いことがわかります。しかし、表面利回り計算の分母となる物件価格に大きな差があるため、表面利回りでは大阪の物件のほうが有利となるのです。

ここで、表面利回りについてよくご存じのない方のために簡単に説明しておきましょう。ワンルームマンション投資の表面利回り（年率）の計算式は次の通りです。

年間の家賃収入÷物件取得価格×100（％）＝表面利回り

【図7】の2つの物件の数値をこれに当てはめると、それぞれの表面利回りは、

東京都港区の物件

147万6000円÷3810万円×100（％）＝3・87％

大阪市北区の物件

【図7】 新築ワンルームマンションの表面利回り比較

	東京	大阪
立地	港区（浜松町駅 徒歩8分）	北区（大阪天満宮駅 徒歩4分）
物件価格	3,810万円	1,800万円
築年月	2014年7月	2016年3月
総戸数	54戸	70戸
専有面積	25.86㎡	23.6㎡
家賃	123,000円	68,500円
表面利回り	3.87%	4.56%

出所：リンクス調べ

82万2000円÷1800万円×100（%）＝4・56%

となります。

一般的に、表面利回りの高い物件のほうが、ワンルームマンション購入に使ったお金を早く回収しやすいので、投資効率は高いといえます。

何となく、「家賃収入が高いほうが収益力も高い」と思ってしまいがちですが、あまりにも高い物件を購入すると、逆に収益力が下がる可能性もあるのだということは、しっかり理解しておいてください。

物件価格や家賃相場は大阪のワンルームのほうが安定している

そもそも、東京と大阪では、なぜこれほどワンルームマンションの物件価格に大きな差が生じているのでしょうか？

ひと言でいえば、それは東京のワンルームマンションがここ数年、大きく値上がりしたからにほかなりません。

もう一度、109ページの【図5】首都圏の新築ワンルームマンション価格の推移と、【図6】近畿圏新築ワンルームマンション価格の推移を見比べてみてください。

これを見ると、首都圏の新築ワンルームマンションのここ数年の平均価格は、2012年の2315万円を底に、2013年は2454万円、14年は2571万円、15年は2629万円と少しずつ高くなっているのがわかります。

そしてこの傾向は、特に東京都の中心部で顕著に表れています。

わたしが前著『ファイナンシャルプランナーが教える「大阪」ワンルームマンション投資術』を上梓した2年前（2015年2月）ごろは、東京都中央区、港区などの新築ワンルームマンションの価格は、専有面積25平方メートルで3000万円前後でしたが、現在では3500万円から4000万円前後の物件も珍しくなくなっています。

つまり、東京都心部の新築ワンルームマンションの価格は、たった2年で1・2〜1・3倍にも上昇したのです。

その理由はさまざまですが、やはり、2020年に開催される東京オリンピック・パラリンピックへの期待が、国内外から都心のワンルームマンション市場への資金流入を促していることが最大の原因だと考えられます。

特に中国や台湾、香港などの投資家が、それぞれの自国・地域に比べて割安な東京の不動産価格に着目し、東京湾岸などに次々と開発されるタワーマンションを「爆買い」する動きが、2〜3年前から顕著に見られるようです。外資系のREIT《リート》（上場不動産投資信託）や不動産ファンドなどによる高級マンションの一棟買いも増えています。

その結果、1980年代後半の〝バブル経済〟ほどではないものの、東京のワンルームマンション価格はここ数年、やや過熱気味に上昇してきたのです。

これに対し、近畿の新築ワンルームマンション価格は、ここ数年、どちらかといえば安定的に推移しています。

【図6】を見ると、近畿圏の新築ワンルームマンションの平均価格は、アベノミクスが始動した2012年に、前の年の1612万円から1738万円に小さく跳ね上がったものの、その後は、2013年が1706万円、2014年が1667万円、2015年が1685万円と、おおむね横ばいで推移していることがわかります。

つまり近畿圏には、東京オリンピック・パラリンピックによる投資熱の影響が、まったくと言っていいほど及んでいないのです。

物件価格が安定しているのは、インカムゲイン（家賃収入）狙いの不動産投資においては望ましいことです。なぜなら、バブルのように物件価格が大きく跳ね上がることがない半面、価格が極端に下がることもないので、安心して物件を持ち続けられるからです。

キャピタルゲイン（値上がり益）を狙った不動産投資では、買った物件の価格がどんどん上がってくれたほうが儲かるわけですが、投資熱が冷え込むと、逆に物件価格が買ったときよりも下がり、含み損を抱え込んでしまうリスクがあります。

家賃収入よりも値上がり益に重きを置くと、どうしても「値上がりしやすい地域」の物件を選んでしまい、その分「値下がりリスク」にもさらされやすくなってしまうのです。現在であれば、東京はまさにその最たる場所だといえるでしょう。

一方、インカムゲイン狙いの不動産投資では、値上り益よりも安定的な家賃収入に重きを置くので、物件価格の動きに一喜一憂することなく、「長く持ち続けられる物件」を所有できる地域を選ぶのが望ましいといえます。

じつは、わたしがファイナンシャルプランナーとして多くの投資家の方々に大阪のワンルームマンション投資をお勧めしているのは、物件価格が非常に安定していて、長く持ち続けられることも大きな理由のひとつなのです。

老後の副収入を確保するためにインカムゲイン狙いの不動産投資を始めるのであれば、

その副収入が長期にわたって、安定的に得られる仕組みを作らなければなりません。

そのためには、価格変動に左右されにくく、安心して長く持ち続けられる大阪のワンルームマンションを取得することが、最良の方策のひとつではないかと思えるのです。

そしてもうひとつ、大阪のワンルームマンションには、「長く持ち続ける」ことを可能にしてくれる大きなメリットがあります。

それは、家賃水準が下がりにくいというメリットです。

例えば、先ほども述べたように大阪市の中心部に当たる北区、中央区の新築ワンルームマンションの家賃相場は月7万円といったところですが、この水準は、築10年程度の築浅物件でもさほど大きく変わりません。

駅近や設備が充実しているなど、条件次第では、築浅でも入居者が入れ替わるたびに家賃を少しずつ上げられるケースさえあります。

大阪のワンルームマンションの家賃水準が下がりにくいのは、マンション投資が過熱気味の東京に比べて、物件の供給過剰感がそれほど表れていないからです。

むしろ後述するように、大阪では2016年ごろから新築ワンルームマンションの供給数が減り始めており、需給はややひっ迫しています。人口に比して売りに出されるワンルームマンションの数が少なくなれば、家賃を下げて入居者を確保するといった施策も不要なわけですから、家賃水準はますます下がりにくくなるでしょう。

家賃が下がりにくいということは、長期にわたって一定水準のインカムゲインが期待できるということです。その意味でも、インカムゲイン狙いの不動産投資を考える方にとって、大阪のワンルームマンションは理想的な物件であるといえそうです。

なぜ、大阪の地価は上がっているのにワンルームはそれほど高くならないのか？

先ほども見たように、近畿圏の新築ワンルームマンション価格はここ数年、安定的に推移しています。では、近畿圏のなかでも、特にワンルームマンションの需要が高い大阪の中心部についてはどうでしょうか？

これもあくまで体感ですが、わたしが投資家の方々にお勧めしている「大阪中心６区」および「新大阪」では、新築・中古を問わず、２年前（２０１５年）に比べてワンルームマンションの物件価格が１割ほど上がっているように感じます。

例えば、「大阪中心6区」の中でもさらに中心部の北区、中央区では、2014年ごろの新築ワンルームマンション価格（約25平方メートル）は約1800万円、築浅（築10年前後）は約1200万～1300万円だったのに対し、2016年9月時点では新築が約2000万円、築浅が約1300万～1400万円といったところが相場になってきました。東京ほど急激ではないとはいえ、大阪中心部のワンルームマンションも、それなりに値上がりはしているのです。

大阪のワンルームマンション価格が上がっているのには、いくつかの理由が考えられます。ひとつは、地価の上昇によって開発コストが上がっているからです。

関西以外の方にはあまり知られていないかもしれませんが、国土交通省が2016年3月に発表した同年1月1日時点の公示地価は、大阪の商業地が3年連続で上昇し、前年比の上昇率は4・2%と、全国の都道府県で堂々の1位になりました。

これは、訪日観光客の急増とともにインバウンド（訪日旅行）の消費や宿泊の需要が勢いづき、新たな店舗やホテルを建設する動きが広がっているのが大きな要因です。

わたしが紹介する「大阪中心6区」のワンルームマンションは、まさにそうした店舗やホテルが密集するエリアの物件が多く、地価の上昇がそのまま物件価格にも反映されやすいのです。

また「大阪中心６区」では、ここ数年、訪日観光客の増加とともに不足する宿泊施設を増やそうとする動きが広がっており、ホテル事業者とマンションデベロッパーとの間で、土地の奪い合いが起こっています。地主の間でも、盛り上がりを見せている訪日観光客需要のほうが、マンション需要よりも期待が大きいとみているせいか、もともとはマンションとして開発するつもりだった用地を、ホテル用地に変更する動きも広がっています。

その結果、「大阪中心６区」では、新たなワンルームマンションの出もの（優良物件）が不足し、需要に対して供給が不足しがちになっているのです。

需給がひっ迫気味になれば、当然ながらワンルームマンションの価格は上がりやすくなります。そうして「大阪中心６区」のワンルームマンション価格は、実際に2年前に比べて1割近くも上昇しました。

そうはいっても、大阪のワンルームマンション価格の上昇率は、東京のそれと比べるとさほど大きくありません。なぜ、地価が上昇し、需給がひっ迫しているにもかかわらず、大阪のワンルームマンションの価格は上昇が緩やかなのでしょうか？

その理由は2つ考えられます。

第1に、大阪ではワンルームマンションの物件価格に占める土地の価格の割合が3割程度と小さいことが挙げられます。

大阪の地価は、上昇率が全国1位になったとはいえ、もともとの価格が東京に比べてかなり安めです。しかも日本一地価の高い東京の場合、ワンルームマンション価格に占める土地の価格が建物の価格を上回ることもありますが、土地の安い大阪では、ワンルームマンション価格の約7割は建物の価格、残りの約3割が土地の価格です。

このように、価格全体に占める土地の割合が低いので、地価が上昇しても、東京ほどにはワンルームマンション価格が上がりにくいのです。

第2に、大阪のワンルームマンションの家賃水準が比較的安定していることが挙げられます。先ほども述べたように、大阪の中心部である北区、中央区の新築ワンルームマンションの場合、月々の家賃は7万円程度ですが、この水準はこの10年間ほとんど変わっておらず、今後もそう大きく変わることはないと思われます。

一般に金融機関は、不動産投資用ローンを貸し付ける場合、将来期待できる家賃収入をもとに「収益還元法」という計算方法を用いて融資額を決定します。

家賃相場に大きな変動がなければ、収益還元法によって算出される融資限度額もほとんど変わることはありません。一方でマンションデベロッパーは、「銀行が購入者にどれだけお金を貸してくれるのか」ということを前提に物件価格を決めるので、融資額があまり増えなければ、マンション価格も上がりにくくなるわけです。

これらの要因によって、大阪のワンルームマンションはさほど大きく値上がりすることもなく、安定的な価格水準を維持しているのだと考えられます。

ちなみに、大阪中心部のワンルームマンションの家賃が7万円前後で保たれているのは、入居者にとって高すぎず、安すぎず、「ちょうどいい水準」だと認識されていることが大きな理由ではないかと思われます。後ほど第4章で詳しく述べるように、大阪の人々は物件選びにおいて「安さ」や「合理性」を追求する傾向があります。生活の便がよく、快適な部屋に住みたいけれど、出せるお金には限度がある、といった諸条件をかけ合わせると、月々7万円くらいが適当という結論になるのでしょう。

これは大阪のマンションオーナーと入居者たちの長年にわたる交渉の末に形成された家賃相場なので、恐らくそう簡単に大きく変動することはないはずです。

結果的に大阪のワンルームマンションは、物件価格も家賃水準も維持されやすい、インカムゲイン狙いの不動産投資には理想的な投資物件となっているわけです。

人口流入が続く「大阪中心6区」空室リスクはかなり低い

ワンルームマンションに限らず、不動産投資においては、立地のいい物件を取得することが〝成功の鉄則〟です。

「立地がいい」とは、すなわち「入居者が確保しやすい場所である」ということにほかなりません。

どんなに高い利回りの物件を取得したとしても、その物件の場所が駅から遠く、周辺に深夜営業の店舗やレストランなどが少ないのであれば、ワンルームマンションを希望する単身者にとってはあまり好ましくないため、入居者は確保しにくくなります。

その結果、空室期間が長くなって家賃が入らず、月々のローン返済が〝持ち出し〟になってしまうリスクが生じやすくなります。

これがいわゆる「空室リスク」です。

空室リスクの原因となるのは、物件の周辺環境ばかりではありません。

そもそも、その地域が「人の集まりやすい場所かどうか」ということも、物件を選定するうえでは非常に重要なポイントとなります。

例えば、単身者の人口が減っているような場所は、そもそもワンルームマンションの需要が弱いので、物件が供給過剰となり、入居者を奪い合うような状況に陥りやすくなります。その結果、家賃がどんどん下がり、空室も増えてくるわけです。

そうしたリスクを避けるためには、物件を買おうと思っている地域の人口動態がどのように推移しているのかを、事前にしっかりとチェックしておくことが大切です。

わたしがワンルームマンション投資をお勧めしている「大阪中心６区」と「新大阪」は、比較的「空室リスク」が小さい理想的なエリアであるといえます。

というのも、このエリアは大阪経済の発展とともに流入人口が継続的に拡大しており、しかもワンルームマンションの入居者予備軍である単身者の割合が高いからです。

１２７ページの【図８】をご覧ください。これは、大阪市の区別人口の増減率を示したものです。これを見ると、「大阪中心６区」を構成する北区、中央区、福島区、西区、浪速区、天王寺区と、「新大阪」がある淀川区は、いずれも世帯数の増減率がプラスになっていることがわかります。

しかも、1世帯当たりの人員は、どの区も2人以下となっていることが特徴的です。特に大阪市のど真ん中ともいえる中央区は1世帯当たりの人員が1・57人、北区は1・65人とかなり少なく、全世帯に占める単身者の割合がかなり高いことをうかがわせます。つまり、人口が増えているだけでなく、ワンルームマンションの入居者予備軍である単身者も、ほかの区に比べて多いわけです。

じつは、前著『ファイナンシャルプランナーが教える「大阪」ワンルームマンション投資術』でも、「大阪中心6区」の流入人口が増えており、特に単身者の流入が増加傾向にあるという話を、実際のデータをもとにご説明しました。

あれから約2年が経過しましたが、相変わらず「大阪中心6区」への人口流入は継続しています。

「うめきた」に代表される梅田（JR大阪駅周辺）の再開発や、「あべのハルカス」（天王寺区）などの大型商業施設が次々と完成したことなどによって、より多くの人が「大阪中心6区」に引き付けられているようです。

「大阪中心6区」における再開発の動きは現在も続いており、新たなビルに入居する企業の就労者が増えるとともに、人口流入は今後も継続することが見込まれています。

【図8】 大阪の区別人口増減率

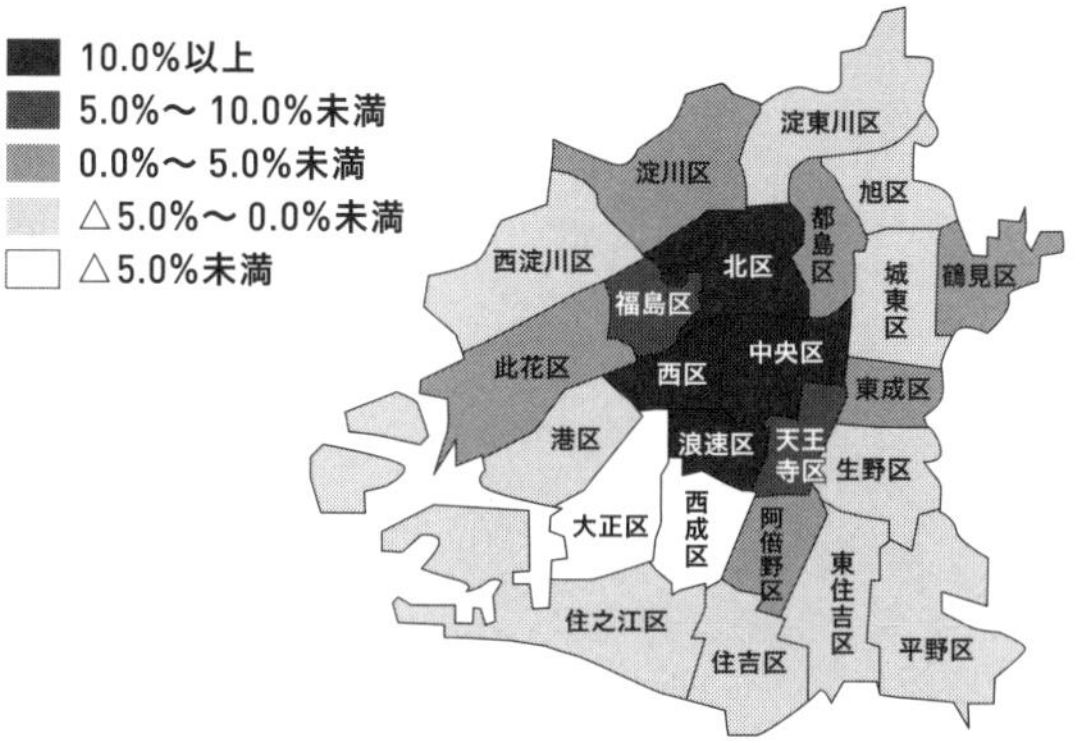

	人口(人)		対平成22年		1世帯当たり人員(人)
	平成27年	平成22年	増減数(人)	増減率(%)	平成27年
大阪市	2,691,185	2,665,314	25,871	1	1.96
★ 北区	123,667	110,392	13,275	12	1.65
都島区	104,727	102,632	2,095	2	2
★ 福島区	72,484	67,290	5,194	7.7	1.92
此花区	66,656	65,569	1,087	1.7	2.15
★ 中央区	93,069	78,687	14,382	18.3	1.57
★ 西区	92,430	83,058	9,372	11.3	1.76
港区	82,035	84,947	△2,912	△3.4	2
大正区	65,141	69,510	△4,369	△6.3	2.19
★ 天王寺区	75,729	69,775	5,954	8.5	1.96
★ 浪速区	69,766	61,745	8,021	13	1.45
西淀川区	95,490	97,504	△2,014	△2.1	2.2
淀川区	176,201	172,078	4,123	2.4	1.85
東淀川区	175,530	176,585	△1,055	△0.6	1.87
東成区	80,563	80,231	332	0.4	2
生野区	130,167	134,009	△3,842	△2.9	2
旭区	91,608	92,455	△847	△0.9	2.07
城東区	164,697	165,832	△1,135	△0.7	2.13
鶴見区	111,557	111,182	375	0.3	2.39
阿倍野区	107,626	106,350	1,276	1.2	2.12
住之江区	122,988	127,210	△4,222	△3.3	2.13
住吉区	154,239	155,572	△1,333	△0.9	2.11
東住吉区	126,299	130,724	△4,425	△3.4	2.14
平野区	196,633	200,005	△3,372	△1.7	2.18
西成区	111,883	121,972	△10,089	△8.3	1.58

2016年11月現在（出所：大阪市都市計画局）

また、東海道新幹線の駅がある「新大阪」も、東京や全国各地への出張に便利なことから、多くのビジネスマンがワンルームマンションを賃貸する人気スポットとなっており、安定的な需要が期待できます。

空室リスクを回避するためには、「大阪中心6区」と「新大阪」は極めて望ましい選択肢だといえるのではないでしょうか。

「南森町」や「北浜」など若者に人気のある街がお勧め

大阪にもさまざまなエリアがありますが、わたしが特にワンルームマンション投資にふさわしいエリアだと考えているのは、「大阪中心6区」と「新大阪」です。なぜなら、これらの地域はビジネス街に近接しており、ワンルームマンションに住むビジネスマンが徒歩や自転車でも会社に通いやすい場所だからです。

どんなに離れていても、せいぜい自宅から会社まで電車で20〜30分と、便利このうえありません。通勤時間が短いということは、それだけプライベートを満喫できるわけですから、人気が出るのは当然のこと。単身者の流入が増えているのもうなずけます。

前著では、「大阪中心6区」のそれぞれの区について、どのような場所なのかを簡単に説明しましたが、今回はそのなかでも、とりわけ若者に人気の高い「大阪中心６区」の２つの街を紹介しましょう。

ひとつは北区の「南森町」。もうひとつは中央区の「北浜」です。

南森町は、大阪の北のビジネス街である梅田の南東に位置し、梅田から歩いて20分程度、自転車なら10分程度と、非常に通勤しやすい場所にあります。また、大阪市営地下鉄堺筋線・谷町線の南森町駅、ＪＲ東西線の大阪天満宮駅があり、電車で通勤するにも便のよい街です。

こうした交通の便のよさも大きな魅力ですが、特に若者に人気の理由は、この街にある大型アーケード商店街「天神橋筋商店街」の存在でしょう。この商店街は、南北約２・６キロメートルに約６００店もの店舗やレストランが並ぶ、「日本一長いアーケード商店街」として知られています。

ひしめき合う店舗の中には、朝早くから営業している喫茶店や、深夜まで営業している居酒屋もあり、早朝出勤や深夜残業も多い若手ビジネスマンにとっては非常にありがたい存在です。串カツ、たこ焼きのようなB級グルメから、本格的な料理を食べさせてくれるレストランまで、さまざまな食事が楽しめるのも魅力です。

しかも、喧騒あふれる商店街を一歩離れると、閑静な住宅街が広がっているのが南森町のいいところ。南森町駅のすぐ南東には、大阪市民から「天神さん」と呼ばれ親しまれている「大阪天満宮」もあり、緑に囲まれた広い境内では、都会の真ん中とは思えないほど、静かでのんびりとした時間を過ごすことができます。

このように、通勤や生活に便利で、休日はゆったりとくつろげるような環境が、若者たちに好まれているようです。

一方の北浜は、大阪中心部を流れる土佐堀川の南に位置する街です。大阪取引所（旧・大阪証券取引所）があるため、古くからビジネス街として発展しましたが、近年は、かつて銀行や企業が入っていた古いビルを改装して、レトロなレストランや喫茶店、バーなどが次々とオープン。中央区きってのおしゃれな街に変貌しました。タワーマンションが次々に建ち、それにともなってスーパーなども増えています。

北浜そのものがビジネス街であるだけでなく、淀屋橋や本町といったほかのビジネス街にも徒歩や自転車で通えるので、大阪の「若者が住みたい街」ランキングでも人気が急上昇していいます。若者のコミュニティーにおいては、「北浜に住んでいる」というだけでもうらやましがられるというほどですから、その人気の高さがわかります。ちなみに、わたしの会社のオフィスも北浜にありますので、散策がてらお越しいただければと思います。

この2つの街に限らず、「大阪中心6区」と「新大阪」には、

❶ビジネス街に近く、通勤に便利
❷店舗やレストランが多く、生活にも便利

という、ワンルームマンションの入居者予備軍である若者に好まれやすい立地条件を満たしているエリアが数多くあります。そうした魅力があることからも、「大阪中心6区」と「新大阪」のワンルームマンションは空室リスクを抑えやすいといえそうです。

訪日観光客の増加やカジノ誘致
ますます発展する大阪経済

2020年には訪日観光客が2倍に！
カジノと万博招致が起爆剤

「大阪中心6区」と「新大阪」への人口流入が今後も継続するかどうかは、ひとえに大阪経済の行方にかかっています。

大阪経済が継続的に発展するという期待が持てるのであれば、ヒト・モノ・カネはどんどん流れ込み、ワンルームマンションに住む単身者の数も増えるはずです。

しかし、大阪以外にお住まいの方のなかには、大阪経済が果たしてどれほどのポテンシャルを秘めているのか、発展する余地があるのかということについて疑問を感じている方も多いかもしれません。そこで、大阪経済をめぐる最近の新たな動きと、その将来性について簡単にご説明しましょう。

前著『ファイナンシャルプランナーが教える「大阪」ワンルームマンション投資術』を刊行したのは２０１５年2月ですが、その後の約2年間で、大阪経済の今後を左右する大きな変化が生じました。

それは、訪日観光客の急増です。大阪のホテルの予約がなかなか取れないという経験をした方も多いのではないでしょうか。

ご存じのように、日本政府は成長戦略の一環として、海外からの訪日観光客を増やすことに力を入れています。その影響を受けて、大阪を訪れる訪日観光客の数も急速に伸びているのです。

それを具体的な数値として示すのが、関西国際空港（関空）の利用者数です。２０１５年度の関空の利用者数は過去最高の２４０５万人。リーマン・ショックの影響で過去最低だった２００９年に比べて、じつに8割近くも増加しました。国際線の外国人客だけに限っても１１００万人と、伸び率は約3・8倍になっています。

もちろん、外国人客のすべてが大阪に向かうわけではありませんが、大部分が大阪に滞在、または大阪を経由して訪日旅行を楽しんでいるはずです。

三菱総合研究所の調査によると、関空を利用して２０１５年度に大阪を訪問した訪日観光客は、難波と心斎橋の両地区だけで推計588万人、梅田・大阪駅地区は推計497万人にも上るということです。

これほど多くの訪日観光客が押し寄せれば、インバウンド消費が盛り上がらないはずがありません。実際、訪日観光客の人気観光スポットであるミナミの道頓堀沿いや、心斎橋筋商店街などを歩くと、両手に紙製の買い物袋を提げ、たこ焼きなどを食べながら楽しそうに歩く外国人観光客をたくさん見かけます。ひところに比べて「爆買い」は落ち着いたといわれますが、それでも安価な化粧品や医薬品、ファッション小物などの人気は高く、それなりにお金を落としてくれているようです。

政府は今後も訪日観光客の誘致に力を入れ、2020年には現在の2倍の4000万人を迎え入れたいとしています。それが実現すれば、大阪を訪れる訪日観光客の数も現在の2倍、あるいはそれ以上に増える可能性は高いといえます。

なぜなら、より多くの訪日観光客を迎え入れるための新たなプロジェクトが着々と進行しているからです。なかでも大きな目玉となりそうなのが「カジノ誘致」、そして、2025年開催を目指している「大阪万国博覧会」(大阪万博)の招致でしょう。

前著でも書いた通り、大阪府と大阪市は、2016年12月に成立した「カジノ法案」(特定複合観光施設区域の整備の推進に関する法律案）を背景に、カジノ誘致の候補地として名乗りを上げています。

カジノ誘致を目指している自治体は大阪だけでなく全国に数多くありますが、その中でも大阪が特に有利なのは、すでに誘致先の土地が確保できている点です。

東京でいえば〝湾岸エリア〟に当たる大阪北港の一画に、夢洲《ゆめしま》という巨大な人工島があります。現在はコンテナターミナルが２つあるだけで、残りは大きな空き地になっていますが、大阪府の松井一郎知事は２０１４年４月、ここを、カジノを設置した統合型リゾート（ＩＲ）の候補地とすることを国に推薦したのです。

【図9】の地図を見るとわかるように、夢洲はユ

【図9】 IRと大阪万博の候補地・夢洲

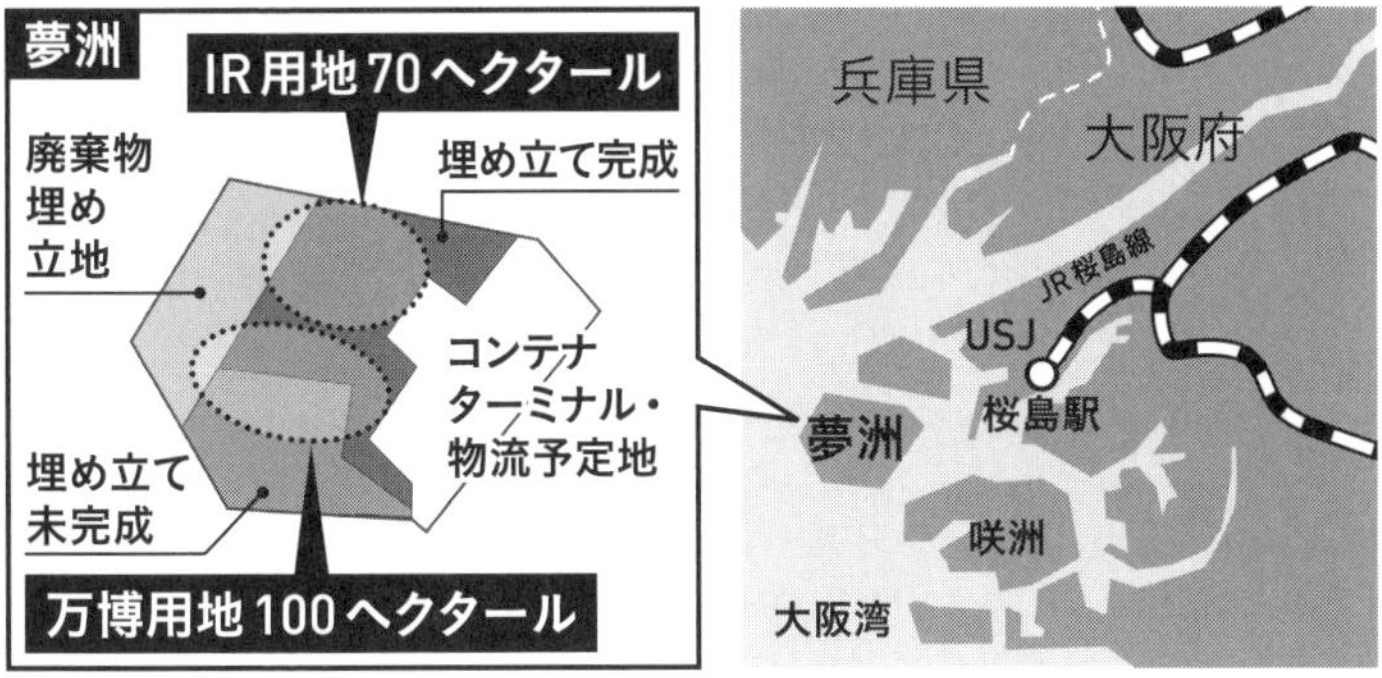

ニバーサル・スタジオ・ジャパン（ＵＳＪ）がある桜島（大阪市此花区）と呼ばれる埋立地に近く、大阪府はＩＲとＵＳＪを鉄道で結んで、カジノ、コンベンション、テーマパークが一度に楽しめる統合型の観光拠点にするという構想を描いています。

いわゆるＭＩＣＥ《マイス》（Meetings, Incentives, Conventions, Exhibitionsの略）の拠点として、企業の会議や研修、報奨旅行、国際会議、見本市などの招致を増やし、それによってより多くの訪日客を迎え入れようとしているわけです。

さらに大阪府は、２０１４年の7月に、夢洲を利用してもうひとつ夢のようなイベントを誘致する計画を発表しました。それは、１９７０年に大阪で開かれた「日本万国博覧会」（万博）以来、じつに五十数年ぶりとなる「大阪万博」の誘致です。

いま東京では２０２０年開催のオリンピック・パラリンピックによる経済効果が期待されていますが、大阪府と大阪市は、その5年後の２０２５年に大阪で万博を開催し、これを地域経済発展の起爆剤にしようと動き始めているのです。

２０１６年9月21日には、松井一郎府知事と吉村洋文大阪市長らの会談で、その主会場が夢洲に一本化されることが決まりました。大阪府・市としては、２０２３年にＩＲを開業し、その2年後に「大阪万博」を開催するという目標を掲げており、もしこれが実現すれば、大阪を訪れる訪日観光客の数は、現在の2倍どころでは済まなくなるのではないかという期待が高まります。

もちろん、これらの誘致が大阪経済の発展にもたらすインパクトは小さくありません。関西経済同友会は、大阪がＩＲを誘致した場合、経済波及効果は年間７６００億円、雇用面では10万人弱の創出効果があると試算しています。

これに「大阪万博」が加われば、開催期間中の経済波及効果は1兆円を超えるかもしれません。大阪府の府内総生産（ＧＤＰに相当）が約37兆円（２０１３年度）であることを考えると、相当な押し上げ効果が期待できるはずです。

そのほかにも、大阪ならではのさまざまな改革が進行中です。

２０１５年4月からは、大阪城公園の管理が民間の大阪城パークマネジメントの運営となりました。これによって公園内にコンビニが入り、公園内の移動交通システムとしてロードトレインやエレクトリックカーが走るようになるなど、観光客にとってのサービスが大きく向上しています。またＵＳＪやハウステンボスとコラボしたイベントも大当たりで、国内外からの集客が伸びています。

一方ＵＳＪも、12月12日に５００億円を投じて任天堂のキャラクター「スーパーマリオ」の世界観をテーマにした「SUPER NINTENDO WORLD」を２０２０年の東京オリンピックの前にオープンすると発表しています。

また、２０１６年12月13日、大阪市議会で市営地下鉄の民営化が可決されました。２０１８年４月には民営化される予定で、民営化によるサービスの拡充が期待されます。

さらに、なんと大阪城の「お堀」を泳ぐ大阪城トライアスロン大会が２０１７年６月に開催されることが決定。じつはわたしも大会実行委員として参画させていただいているのですが、お城のお堀でのスイムはトライアスロンの国際大会としては世界初の試みで、メディアの反響もかなりのものです。

２０１６年11月25日の記者発表では、吉村洋文大阪市長が「この大阪城から世界に大阪をアピールしたい」と声高に宣言されました。まさに、大阪にしかできない取り組みといえるでしょう。

このように、国内外から継続的に人を呼び込む施策が次々と実行されることによって、大阪という土地の魅力は今後ますます大きくなっていくと考えられます。

こうして大阪経済が活性化すれば、人口流入もさらに進んで、ますますワンルームマンション投資に適した環境が整うことになるでしょう。

ＬＣＣ拠点として発展する関空
大阪中心部ではホテル建設ラッシュも

国内外からの観光客の増加は大阪経済を発展させる呼び水となりそうですが、それを実現するために欠かせないのは、空港やホテルといった観光客を迎え入れるための受け皿の拡大です。もちろん、その点においても大阪に抜かりはありません。

例えば、近畿圏の空の玄関口である関空は、先ほども述べたように２０１５年度の利用者数が過去最高の２４０５万人に達しました。しかも、みずほ総合研究所の調べによると、発着枠などをもとに換算した関空の年間の空港利用率は6割程度と、羽田空港の約9割、成田空港の約8割に比べてかなり低い水準です。つまり関空には、まだまだ多くの飛行機を受け入れる余地があるのです。

このアドバンテージを生かすべく、関空はここ数年、ＬＣＣ（格安航空会社）の路線誘致に力を入れています。現在では、国内最多となる18航空会社・48路線が就航（２０１６年9月時点、国際線ＬＣＣのみ）。特に訪日観光客数の多い中国、香港、台湾、韓国や東南アジアなどの路線が充実しています。

ＬＣＣの普及によって、富裕層でなくても気軽に海外旅行に出かけられるようになったのが、アジアからの訪日観光客が増えている大きな理由のひとつです。関空は、今後もＬＣＣの就航数を積極的に増やすことによって、そうした訪日観光客をより多く関西に迎え入れようとしています。

また、２０１６年4月には関空の運営権が、国の１００％出資会社であった新関西国際空港から、オリックスとフランスの大手空港運営会社ヴァンシ・エアポートなどの企業連合による関西エアポートに移管されました。運営が国から民間に代わったことで、今後、ＬＣＣ路線の拡充にますます拍車がかかることが期待されます。

一方では、訪日観光客が大阪に滞在するための受け皿となる、新しいホテルの建設計画も目白押しです。

例えば、家電量販店大手のヨドバシカメラは２０１6年9月、ＪＲ大阪駅の北側に１０００室のホテルを含む複合型高層ビル「ヨドバシ梅田タワー」（仮称、２０１９年秋ごろ完成予定）を建設すると発表。このほかにも、２０１7年夏には最高級ホテルの「コンラッド大阪」（大阪市北区、１６４室）、「アパホテル御堂筋本町駅前タワー」（大阪市中央区、９１７室）がそれぞれ開業するなど、大阪で新たに増えるホテル客室数は、２０１８年ごろまでに８５００室を超えるとみられています。

大阪のホテル稼働率は、訪日観光客の増加とともに２０１６年5月時点で80％強と高止まりの状態が続いており、需要をさばき切るために、当面はホテル建設ラッシュが続くものと思われます。しかし、今後訪日観光客が2倍に増えるとなると、このペースで客室数を増やしていっても、なかなか追い付かないかもしれません。

まさにうれしい悲鳴といえそうですが、訪日客の受け皿が整うことによって、大阪経済はますます発展するのではないかと期待しています。

新たな産業の創造拠点となる「うめきた2期地区」

以上のように、観光客の増加によって大きな発展が期待できる大阪経済ですが、もちろん観光業だけの〝一本足打法〟では、それが傾いたときに経済全体が大崩れしてしまう恐れがあります。

そのほかの産業をバランスよく振興させ、また新たな産業を育て上げていくことも、持続可能な経済発展のためには欠かせません。

前著で、大阪府は兵庫県、京都府とともに、安倍晋三内閣が策定した「国家戦略特区」のひとつである「関西圏国家戦略特区」に指定されたことを紹介しました。

大阪府は現在、その国家戦略特区としての目標に沿って、「ライフデザイン」産業の創出に力を入れています。「ライフデザイン」とは、医薬品や医療機器といった既存の医療分野だけでなく、人々が健康で豊かに暮らせるようにするための幅広い製品・サービス分野を含む新しい産業の概念です。

大阪府と大阪市は２０１６年4月13日、この「ライフデザイン」産業を創出するための拠点を、ＪＲ大阪駅北側にある巨大な再開発エリア「うめきた2期地区」に設けることを決定しました。

「うめきた」は、もともと旧国鉄の梅田貨物駅があった総面積約24ヘクタールの巨大なエリアです。その約3分の1に相当する東側の7ヘクタールは現在、２０１３年4月に完成した大型複合施設「グランフロント大阪」として再開発されています。

「うめきた2期地区」は、この「グランフロント大阪」の西側に残った約17ヘクタールの開発用地で、２０２２年度までに開発が完了する予定となっています。

こちらも「グランフロント大阪」と同様に、オフィスビルや商業施設、住宅、ホテルなどを備えた大型複合施設として開発される計画ですが、その中核機能として、「ライフデザイン」産業の創出を促す研究機関や大学、国際交流センターなどを集積させようというのが大阪府・大阪市の狙いのようです。

「うめきた2期地区」の開発によって、国内外から新たな企業や人材が集まることだけでも大阪経済の発展にはプラスですが、それに加えて、ここを拠点に大阪発の新たな産業が生まれるとなれば、ますます飛躍的な経済発展が期待できるかもしれません。

また、「うめきた2期地区」に代表されるような新しい街づくりによって、大阪がどんどん住みやすく、洗練された街に生まれ変わっていけば、流入人口もますます増えて、ワンルームマンションの需要もさらに高まっていくのではないかと思います。

同じ関西でも、京都や神戸より大阪のワンルームのほうが有利な理由は？

以上、大阪のワンルームマンション投資の魅力について、大阪という都市が持つ独自性やポテンシャルとともに見てきました。

繰り返しになりますが、何といっても大阪のワンルームマンションの最大の魅力は、東京に比べて物件価格が非常に安いことです。そしてそれは、大阪の土地の安さが大きな理由のひとつであるということは、よくおわかりいただけたのではないかと思います。

しかし、読者のなかには、

「全国には大阪よりも土地の値段が安い場所はいくらでもある。あえて大阪のワンルームマンションを選ばなくてもよいのではないか？」

と考える方もいらっしゃるはずです。

もちろん地方に行けば、大阪よりもさらに物件価格が安く、キャッシュフローや利回りのよいワンルームマンションはいくらでもあるでしょう。ただし、どんなに物件価格が安くても、入居者がしっかり確保できないと安定的な収益を得ることはできません。どんな土地であれ、老後の副収入源としてワンルームマンション投資を始めたいと考えるのであれば、このことを念頭に置いてしっかりとチェックしてください。

ポイントとなるのは、

❶人口流入や単身世帯数が増え続けているかどうか
❷その背景となる地元経済がしっかりしているかどうか

の2点です。

ここまで見てきたように、大阪経済は訪日観光客の増加や、新たな産業創出、新たなまちづくりなどによって、今後も持続的な発展が見込まれます。そうした背景のもと、とりわけ若手の単身者に人気の高い「大阪中心6区」や「新大阪」のワンルームマンションは、安定的な入居ニーズを確保できる可能性が非常に高いとわたしは考えています。

それでは、同じ関西でも、京都や神戸と大阪を比べた場合はどうでしょうか？

京都府と兵庫県も、大阪府とともに「関西圏国家戦略特区」として認定されており、訪日客の観光先としても、非常に人気の高いエリアです。つまり、大阪と同じように、今後の経済発展の条件は整っているといえます。

しかし、「ワンルームマンション投資に向いているかどうか？」という点で考えると、やはり「大阪中心6区」や「新大阪」のほうがベターではないかと思います。

まず京都の中心である京都市ですが、そもそも京都は大阪に比べるとワンルームマンションの供給量が圧倒的に少なく、いい物件を選ぶのが難しいのが大きなネックです。また、仮に物件を手に入れられたとしても、十分なキャッシュフローや利回りが得られるかどうかといえば、心許ないところがあります。

というのも、京都ではビジネスマン向けのワンルームマンションが少ないうえに、学生向けの安いアパートやワンルームマンションが多く、その家賃相場に引きずられて家賃を下げざるを得なくなるケースが珍しくないからです。

京都では市の中心部に近いところに京都大学や同志社大学、立命館大学といった大学が集中しており、中心部で賃貸住宅を借りる人も、学生がかなりの割合を占めています。そのため、家賃相場もどうしても低めになってしまう傾向があります。

一方で、京都ではここ数年、東京に負けず劣らずの勢いで不動産投資ブームが過熱しており、土地や建物、もちろんワンルームマンションの価格もかなり高くなっています。これは、外資系ラグジュアリーホテルやビジネスホテルの建設ラッシュに加え、訪日観光客向けの「民泊」用として購入する投資家が増えているからではないかと思われますが、あまりにも高い値段で買ってしまうと、やはり十分なキャッシュフローや利回りが得られにくくなるので注意が必要です。

なお、昨今の「民泊」ブームがワンルームマンション投資に及ぼしているさまざまな影響については、158ページからのコラムで詳しく解説します。

一方、兵庫県の中心である神戸市は、ワンルームマンションの出ものが比較的多く、物件の選びやすさという点では京都よりも望ましいエリアだといえます。物件価格も「大阪中心6区」や「新大阪」に比べると安いので、その分、高いキャッシュフローや利回りが期待できます。

ただし、神戸でビジネスを行っている企業の数は、大阪の中心部と比較すると少なく、場所によっては入居者の確保に苦労することもあるようです。

三ノ宮のような神戸の中心部であれば、JRや阪急電鉄で大阪・梅田駅から約20分と通勤圏なので、それなりの入居ニーズが見込めるでしょう。しかし、同じ神戸市内でも中心部から離れた場所では、空室リスクが多少上がるのではないかと思われます。

ちなみに、わたしは仕事で主に「大阪中心6区」と「新大阪」のワンルームマンションを紹介していますが、「空室リスクを抑えつつ、なるべく収益力を上げたい」というご要望がある場合は、三ノ宮周辺の比較的安めの物件を紹介することもあります。

いずれにしても、物件価格が安くなればなるほど、入居者が付きにくい場所にある、すなわち空室リスクが高まりやすい、という傾向が強まることは否めません。

地方のワンルームマンションを投資目的で購入する場合は、価格の安さだけに目を奪われず、収益が安定的に確保できるかどうかをしっかりと見定めることが大切です。

1棟ものやファミリータイプよりもワンルームマンションが有利な点とは？

サラリーマンでも手が届く価格の安さが大きな魅力

不動産投資には、さまざまな手法があります。

取得する物件にしても、ワンルームマンションだけでなく、ファミリータイプのマンションや、1棟ごと売買されるアパート・マンション（1棟もの）など、賃貸住宅だけでもその種類は多数あり、投資をするうえでのメリット、デメリットもそれぞれにあります。

そうしたなか、わたしがファイナンシャルプランナーの立場でワンルームマンション投資をお勧めしているのは、サラリーマンや公務員などの方々が将来の年金代わりとして利用するのに最も適していると思うからです。

では、なぜ1棟ものやファミリータイプよりもワンルームマンションをお勧めするのか？　その理由をお話しして、本章の結びにしたいと思います。

まず、1棟ものよりもワンルームマンションをお勧めする理由は、何といっても価格が安く、サラリーマンや公務員の方でも手が届きやすいからです。

確かに1棟ものは、ワンルームに比べるとより多くの家賃収入を得られますが、物件価格は数億円と非常に高額で、サラリーマンの与信枠ではなかなか手が届きません。

しかも、一般に1棟ものは地方や郊外に立地することが多く、駅近の物件に比べると入居者が確保しにくい場合もあります。また、第2章でも述べたように、数億円もする1棟ものは売ろうと思っても買い手が見つかりにくく、転売が難しいのも問題でしょう。

さらに、1棟ものは建物全体を維持管理しなければならないので、その分の手間も費用もワンルームマンションに比べると大きくなります。サラリーマンをしながら、物件の維持管理にまで手を取られるというのは、決して楽なことではありません。

このほか、第2章の最後でも書いたように、1棟もののアパートやマンションは、相続したときに分割しにくいことも、大きなデメリットだといえます。

ワンルームマンションのメリットは、これらの1棟もののデメリットの裏返しです。

本書で解説している大阪のワンルームマンションなら、新築で2000万円前後、築浅中古なら1300万〜1400万円前後で買えます。これならサラリーマンでも手が届きやすく、いざというときに転売もしやすいでしょう。

しかも、地方や郊外ではなく、「大阪中心6区」や「新大阪」といった都会のど真ん中の物件が取得できるのですから、入居者の確保はそれほど難しくありません。維持管理の手間と費用も1棟ものに比べれば限定的です。そのうえ、相続時に分割しやすいのも大きな魅力といえます。

ファミリータイプは退去後の空室期間が長くなりやすい

では、ファミリータイプのマンションとワンルームマンションを比較した場合はどうでしょうか？

専有面積が大きいファミリータイプは、ワンルームマンションに比べると高めの家賃収入が期待できます。半面1棟ものほどではないにせよ物件価格が高いため、複数の物件を買おうと思うと、サラリーマンの与信枠では収まらなくなることもあります。

また、維持管理にかかる費用も、専有面積が広いファミリータイプのほうがワンルームマンションに比べると高めです。一概にはいえませんが、専有面積60～70平方メートルのファミリータイプの場合、退去時の修繕費だけで50万円前後かかるケースもあります。

これに対し、大阪のワンルームマンションの場合、退去時のハウスクリーニング代は入居者負担となることが多いので、修繕費用はほとんどかかりません。クロスの張り替えなどが発生したとしても、10万円くらいで済みます。あらゆる面で、ファミリータイプよりもワンルームマンションのほうが安上がりであるといえます。

もうひとつ、ファミリータイプで問題となりがちなのは、退去後の空室期間が長くなりやすいことです。

ファミリータイプに入居する家族は、お子さんの学校の新年度などに合わせて転居することが多いので、いったん空きが出ると、次の春まで入居者が決まらなくなるといったケースも珍しくありません。

これはいささか極端な例としても、つねに入居者の出入りがある都心のワンルームマンションに比べて、次の入居者が決まるまでに時間がかかる傾向があることは、覚えておいてください。

ワンルームマンションは新築・中古のどちらを選ぶべきか？

最後に、ワンルームマンションを購入する場合、新築・中古のどちらを選んだほうがいいのかについて考えてみることにしましょう。

左ページの【図10】にも示したように、新築と中古のワンルームマンションには、それぞれのメリット・デメリットがあり、一概にどちらがいい、悪いとはいえません。

例えば、「なるべく物件を安く手に入れたい」と思うのなら、新築よりも中古のほうが望ましい場合もありますし、「空室リスクを極力抑えたい」と考えるのなら、多少価格は高くても、入居者がつきやすい新築ワンルームマンションを選んだほうが得策である場合もあります。

ただし、中古を選ぶ場合、新築に比べてローンの金利が若干高いことと、修繕費用がより多くかかる可能性があることについては注意しておきたいところです。

なぜなら、この金利と修繕費用の2つは投資の収益力に大きく影響するからです。

中古は新築に比べると取得価格が安いことが大きな魅力ですが、ローンに高めの金利が設定されると、月々の返済額が大きくなって、十分なキャッシュフローや利回りが得られなくなることもあります。

また、築年数が経過するにつれて内装や設備が老朽化すると、修繕のために思わぬ出費がかかることもあります。

その点、新築であれば、当面は修繕費用がかかりませんし、最近の新築マンションは、事業主（開発業者）による10年保証や、設備メーカーによる1〜2年程度の保証が付いていることも珍しくありません。万一、修繕が必要になっても、余分な費用負担をせずに済むことが多いようです。

【図10】 中古ワンルームマンションのメリット・デメリット

メリット

- 利回りが新築に比べて高い
- 賃貸中で家賃が確定しているところが多い
- 転売の際、新築に比べて価格下落リスクが低い

デメリット

- 築年数がたっていると修繕費などが一時的に大きくかかる場合がある
- 居住中で室内がチェックできないことが多い
- 月々の管理費・修繕積立金が高い場合がある

ちなみに、新築の場合は「サブリース契約」によって管理会社に借り上げてもらい、物件や入居者の管理を丸ごと任せる投資家が増えています（詳しくは第5章参照）。最近では、契約内容に不動産会社による修繕費用負担まで含まれた「修繕保証付きサブリース」という新しいサービスも登場しています。

中古物件を購入するのであれば、こうしたサービスは受けられないことが多いため、毎月のキャッシュフローのプラス分を蓄えておき、修繕費などの急な出費に備える必要があるでしょう。

Column

話題が先行しがちな「民泊」大阪ワンルームマンション投資を検討中の人は知っておきたい民泊の現状とルール

最近、不動産業界で「民泊」がひとつの流行語になっています。わたし自身、仕事で民泊に関する問い合わせを受けることが増えました。しかし、現実とは少し離れたところで民泊という言葉がひとり歩きしている感があり、不動産投資と民泊の関係について誤解している人も少なくありません。そうした誤解を解き、読者の皆さんにも正しい認識を持ってもらうために、ここでは民泊について詳しくご説明します。

大阪を訪れる訪日観光客が急増 ホテル不足とともに高まる民泊需要

第3章でも述べたように、政府による訪日観光客の招致強化とともに、大阪を訪れる訪日観光客は2015年からの2年間で急増しています。

その受け皿として、大阪市中心部の梅田や御堂筋界隈などでは、新たなホテルの建設が急ピッチで進んでいます。しかし、それでも収まり切らないほど、大阪はいま、深刻な宿泊施設不足に悩んでいるのです。その理由は、160ページの図を見ていただければよくわかると思います。

これは、大阪観光局が発表した「来阪外客数」の推移です。つまり、大阪を訪れた訪日観光客数がここ数年、どのくらい増減したのかを示した図ですが、これを見ると、2009年から2013年にかけては年間150万〜200万人規模だった来阪外客数が、2014年には376万人と一気に増え、2015年には716万人、2016年（1〜9月）には711万人と大幅に伸びていることがわかります。

大阪観光局の予想では、2016年通年の来阪外客数は少なく見積もっても900万人以上、場合によっては大台の1000万人を超えた可能性もあるということです。つまり、大阪を訪れる訪日観光客の数は、この3年間で3倍近く、過去5年間では、じつに4倍近くも増えていることになります。

これほど急激に訪日観光客が増えるとなると、ホテルなど宿泊施設をはじめとする受け皿づくりも、そうそう間に合うものではありません。新たなホテルを建設するには、通常は計画から完成までに2〜3年程度の時間を要するからです。

しかも、大阪を訪れる訪日観光客の人数は今後も増え続け、2020年には2000万人に達するという予想が出ています。もしその通りのペースで訪日観光客の数が増え続けるとしたら、「焼け石に水」というほどではないものの、新たなホテルを建設しても、受け皿不足はまず解消しないでしょう。

そうしたなか、大阪では数年ほど前から、アパート・マンション、一戸建て住宅などの空き室をホテル代わりとして訪日観光客に貸し出す、いわゆる「民泊」の動きが広がっています。

そもそも民泊は、世界最大手の民泊仲介サイト「Airbnb《エアービーアンドビー》」が人気の火付け役となり、またたく間に世界中に広がった新しい形の宿泊サービスです。

インターネット配車サービスの「Uber《ウーバー》」

来阪外客数の推移（※2016年は1～9月）

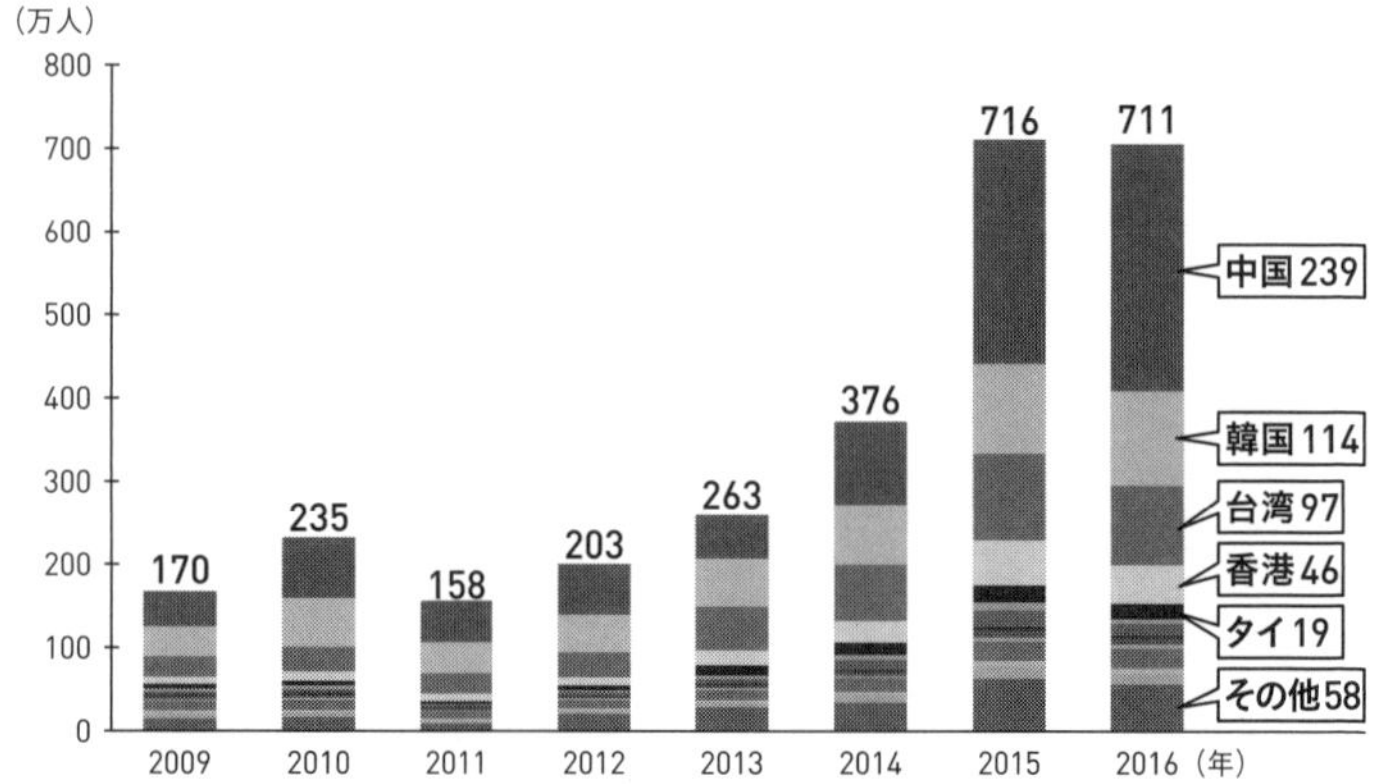

JNTO「訪日外客数」「訪日外客訪問地調査」、観光庁「訪日外国人消費動向調査」をもとに推計。
出所：大阪観光局

と並んで、新しい経済の仕組みである「シェアリングエコノミー」(個人間で余剰となっているモノを共有するサービス）の代表格とされ、「ホテルよりも安い値段で泊まりたい」という借り手側のニーズと、「余っている部屋を有効活用して副収入を得たい」という貸し手側のニーズが互いに満たされる点で、非常に画期的なビジネスモデルであるといえます。

ある民間調査によると、「Ａｉｒｂｎｂ」に登録している日本の民泊物件は全国で３万２０００件以上といわれています。都道府県別で最も多いのは東京の約1万２０００件で、２位には大阪（約８７００件）、３位には京都（約３６００件）がランクインしています（２０１６年４月時点）。

もっとも、これは「Ａｉｒｂｎｂ」に登録されている物件だけの数字なので、民泊物件の総数はさらに増えるはずです。

最近は「Ａｉｒｂｎｂ」の人気を受けて、似たような民泊仲介サイトが世界中で運営されています。特に英語が読めない人が多い中国では、国内で運営される中国語の民泊仲介サイトがもてはやされており、中国人を主な宿泊対象とする民泊物件のオーナーは、「Ａｉｒｂｎｂ」よりもそうした中国語サイトに情報を登録することが多いようです。

そうした物件も含めると、恐らく大阪だけで数万件単位の民泊物件が営業しているのではないかと推測されます。

「民泊OK」のワンルームマンションなら本当に営業できるのか？

大阪は、京都や奈良といった観光地に近く、ユニークなご当地グルメや買い物なども楽しめることから、訪日観光客の人気が高い街です。当然ながら宿泊需要も高く、そのニーズに応えるための民泊物件もどんどん増えていると考えられます。

大阪のホテルの稼働率は2016年5月時点で80％強と高止まりしており、安いからという理由だけでなく、「ホテルに泊まりたくても部屋が空いていない」という、やむにやまれぬ理由で民泊を利用する訪日観光客も少なくないはずです。

そうしたニーズに着目して、最近では民泊を目的として大阪でワンルームマンション投資をしたいと考える方も増えているようです。

例えば、ワンルームマンションを普通に賃貸すると、「大阪中心6区」なら月々の家賃は7万円前後が相場ですが、これを訪日観光客に貸せば1泊3000〜5000円くらいの宿泊料が得られます。仮に宿泊料が1泊5000円、稼働日数が20日間だとすると、1ヵ月に10万円の収入になるので、「普通に賃貸するよりも割のいい商売になりそうだ」と考える方が増えているのだと思います。

そのせいか、わたしが開いている不動産投資セミナーでも、参加者から「民泊目的で大阪のワンルームマンションを購入したい」という声をよく聞くようになりました。

実際、投資用不動産の仲介サイトを見ると、「民泊ＯＫ」とか、「民泊にぴったり」といった宣伝文句で大阪のワンルームマンション物件を紹介する広告をよく見かけます。

そうした宣伝効果が徐々に表れてきたのか、最近では「大阪でのワンルームマンション投資」イコール「民泊目的」というイメージすら定着しつつあるようにも感じられます。

しかし、ここで注意しておきたいのは、現時点で本当に「民泊ＯＫ」の物件は非常に限られているということです。

どんなに宣伝文句で「民泊ＯＫ」とうたっていても、実際には法律上の制限やマンション管理組合の取り決め（管理規約）などによって、民泊として営業できない物件もあります。

それどころか、現時点（２０１６年11月時点）で大阪のワンルームマンションの9割以上は民泊に利用できない物件だと断言していいでしょう。つまり、「民泊ＯＫ」とか「民泊にぴったり」といった宣伝文句で売り出されている物件の大部分は、何の根拠もなくそう宣伝されているのです。

では、なぜ民泊には使えないのでしょうか？　その理由をご説明します。

無許可の民泊は旅館業法に違反 管理規約による〝縛り〟も

そもそも日本では、「宿泊料を受けて人を宿泊させる」という行為をする場合は、旅館業法上の許可が必要となります。

ホテルや旅館、民宿、簡易宿泊施設のように、それを生業としている業者は言うまでもありませんが、個人で、あくまで副業であったとしても、インターネットなどを通じて集客活動を行い、有料で宿泊サービスを提供する場合は営業行為と見なされます。

そうした営業行為を無許可で行った場合は法律違反と見なされ、6ヵ月以下の懲役か3万円以下の罰金に処せられる可能性があるのです（旅館業法第10条）。

後述するように、現在、大阪府と大阪市は民泊の普及を後押しするために、許可を取りやすくするなどの規制改革を推し進めてはいますが、いずれにしても、きちんと旅館業法上の許可を得ないことには、合法的に民泊を営業することはできません。

しかも、ワンルームマンションの場合は、法的な許可を得ることのほかに、民泊を営業するうえで越えがたい大きな壁があります。それは「管理規約の壁」です。

分譲マンションには、建物全体を維持・管理するために、建物内の物件を区分所有するオーナー全員の合意によって取り決められたルールが存在します。これが管理規約と呼ばれるものです。その内容は、実際の維持・管理を意思決定する管理組合によって決定されますが、多くの場合、国土交通省が示した「マンション標準管理規約」というひな形を参考にして作成されています。

そのマンション標準管理規約の第12条には、マンションの専有部分（区分所有者が専有する部分）の用途として、次のように記されています。

区分所有者は、その専有部分を専ら住宅として使用するものとし、他の用途に供してはならない。

この一文をどう解釈するのかは、非常に判断が難しいところです。

まず、区分所有しているマンションを自らの住宅とすること、あるいは、賃貸住宅として他人に貸すことについては、まったく問題ありません。どちらにせよ「住宅として使用するもの」というルールにのっとっているからです。

しかし、民泊目的でマンションを使用するとなると、ルールから逸脱しているように思えます。その用途は住宅ではなく、宿泊施設ではないかと疑われるからです。

このマンション標準管理規約の「専有部分の用途」に関する内容は、ほとんどのマンションの管理規約にそのまま採用されていますが、内容を普通に解釈すれば、「民泊に使用するのは、明らかにルール違反だろう」と誰もが思うはずです。

しかし、民泊ホストの中には、「貸している期間が数泊程度と短いだけで、一般的な賃貸住宅の用途と何ら変わらない」と主張する方もいるかもしれません。つまり、解釈の余地があまりにも大きく、争いが起こりやすいルールなのです。

じつは、このルールの解釈をめぐって大阪地方裁判所が2016年1月、非常に象徴的な決定を下しました。

大阪市内のとある分譲マンションの管理組合から出されていた民泊営業を差し止めるための仮処分命令の申し立てについて、請求どおり仮処分決定を下しました。つまり、「マンションでの民泊営業はNG」と判断したのです。

このマンションは戸数が100戸以上もある大規模なものでしたが、そのうち特定の2戸に、2015年3月ごろから住人ではない外国人が出入りするようになり、ほかの部屋のオーナーたちが「民泊営業をしているのではないか?」と疑うようになりました。そこでこのマンションの管理組合は、営業差し止めを求めて法的手段に訴えたのです。

この決定で画期的だったのは、マンションの管理規約に記されていた「専有部分を専ら住宅として使用する」との規定を文字通り「住宅そのもの」だと解釈したことです。

このマンションの管理規約における「専有部分の用途」も、国土交通省が示しているマンション標準管理規約の内容をそのまま取り入れたものですが、国が「専ら住宅」としているものに民泊の用途は含まれないという解釈を、司法の立場から明確にしたわけです。ちなみに、この大阪地裁による仮処分決定は、民泊の営業を差し止めるものとしては全国初となりました。

全国のほとんどの分譲マンションが「専有部分の用途」について同様の規約を設けていることを考えると、今後、投資用ワンルームマンションを民泊用途に使うことはルール違反だと見なされることになりそうです。

ほかのオーナーや入居者からの苦情で営業が差し止められることも

右のケースのように、マンションの管理組合が一部のオーナーによる民泊営業を問題視する傾向は年々強まっています。これは、法的な許可を得ず、マンションのルールすら守らずに民泊を営業するオーナーが増え続けていることが原因でしょう。

そもそも「専ら住宅として使用する」というルールを守らないことが大きな問題ですが、それ以外にもワンルームマンションでの民泊営業には、ほかのマンションオーナーや入居者から嫌がられる理由がいくつもあります。

例えばセキュリティの問題。いまどきのマンションは入り口にオートロックが設けられていて、外部からの不審者の侵入を防いでいますが、一部の部屋が民泊営業をすると、不特定多数の宿泊者が入り口から自由に出入りするようになるので、オートロックを設ける意味がありません。「言葉もよくわからない見知らぬ外国人がマンション内をうろうろしているのは不安だ」と感じる方がいても無理からぬところです。

また、宿泊者のなかには、夜中まで大声で騒いだり、ゴミ分別のルールを守らずに、大量のゴミを玄関先に放置したりする人もいます。

さらに、訪日観光客の多くは、キャスター付きの大きなトランクやキャリーバッグなどを引きずりながらマンションに出入りするので、共有部分の床や階段などが傷ついてしまうことを心配する方や、キャスターがゴロゴロと鳴る音がうるさいと感じる住人も少なくありません。

そうした住人の不安や不満が積もりに積もって、クレームや営業差し止めなどの要求に発展するわけです。

これらの点を考えると、ルール違反である以前に、そもそも一般のワンルームマンションで民泊営業を行うことは、基本的に「ありえない行為」だといえそうです。

賃貸住宅として貸すよりも、民泊に使ったほうがより大きな収入を得られるチャンスがあるのは確かですが、ほかのオーナーや入居者から迷惑がられ、営業そのものが差し止められかねないリスクを考えると、やらないほうがいいと思います。

「国家戦略特区」の大阪なら旅館業法の適用外で民泊営業ができる

先ほども述べたように、わたしが開いているセミナーでも「民泊目的で大阪のワンルームマンションを取得したい」という相談を受けることが非常に多くなりました。しかし、残念ながら、それに対しては「できません」としかいいようがありません。

ここまで説明してきたように、一般のワンルームマンションは管理規約上、住宅以外の用途で専有部分を使用することは認められていませんし、ルールを無視してやろうとすると、営業差し止めなどの法的手段に訴えられる可能性があるからです。

したがって、ワンルームマンション投資は、あくまで「賃貸住宅としての用途」を前提にすべきであるというのが、わたしの基本的な考え方です。

ただし、取得する物件が民泊としての許可を受けられるものであり、なおかつ民泊としての営業がマンションの管理規約に違反しないのであれば話は別です。

じつは大阪府と大阪市は、国から「国家戦略特別区域」（以下、特区）のひとつである「関西圏」に指定されており、その特例のひとつとして、民泊事業を普及させるための取り組みをスタートしています。

これは、特区内の決められた地域に限って、旅館業法上の許可を受けなくても、大阪府や大阪市が認めれば民泊の営業ができるというもので、「国家戦略特区外国人滞在施設経営事業」（以下、特区民泊）と呼ばれています。

すでに大阪府は2016年4月1日に、大阪市も同年10月31日から、それぞれ「特区民泊」事業の申請受付を開始しました。

宿泊施設が旅館業法上の許可を得るためには、フロント（帳場）の設置や宿泊者名簿の作成、衛生管理、保健所による立ち入り検査の受け入れといった義務を果たす必要がありますが、「特区民泊」事業の認定を受ける場合は、これらの旅館業法上の規定は適用されません。

その代わり、大阪府と大阪市が定めた条例などに基づいて、認定を得るための審査を受ける必要があります。

審査基準は多岐にわたりますが、認定を得るためには次のような基準をクリアしなければなりません（あくまでも一部です）。

①事業用の施設であって、賃貸借契約に基づき使用させるものであること
②施設の所在地が「特区民泊」事業の実施区域に含まれていること
③施設を使用させる期間が2泊3日以上であること
④1居室の床面積が25平方メートル以上であること
⑤営業日数の上限は180日

このうち、特に意外に思われるのは、①の基準ではないでしょうか。

一般のホテルや旅館、民宿などの宿泊施設においては、賃貸住宅を借りる際と違って宿泊者が施設オーナーと賃貸借契約を交わすことはありません。しかし、「特区民泊」においては、たとえ短期間の滞在でも賃貸借契約を結ぶことが前提となっているのです。

また、②の「特区民泊」事業の実施区域については、172、173ページの地図に示されたエリアが指定されています。大阪市の場合、ほぼ全域が実施地域に指定されていますが、一部エリアが実施地域に含まれていない点には注意してください。

このほかにもさまざまな審査基準がありますが、詳しく知りたい場合は大阪府、大阪市に問い合わせてみましょう。

大阪府における
外国人滞在施設経営事業（旅館業法の特例）実施地域

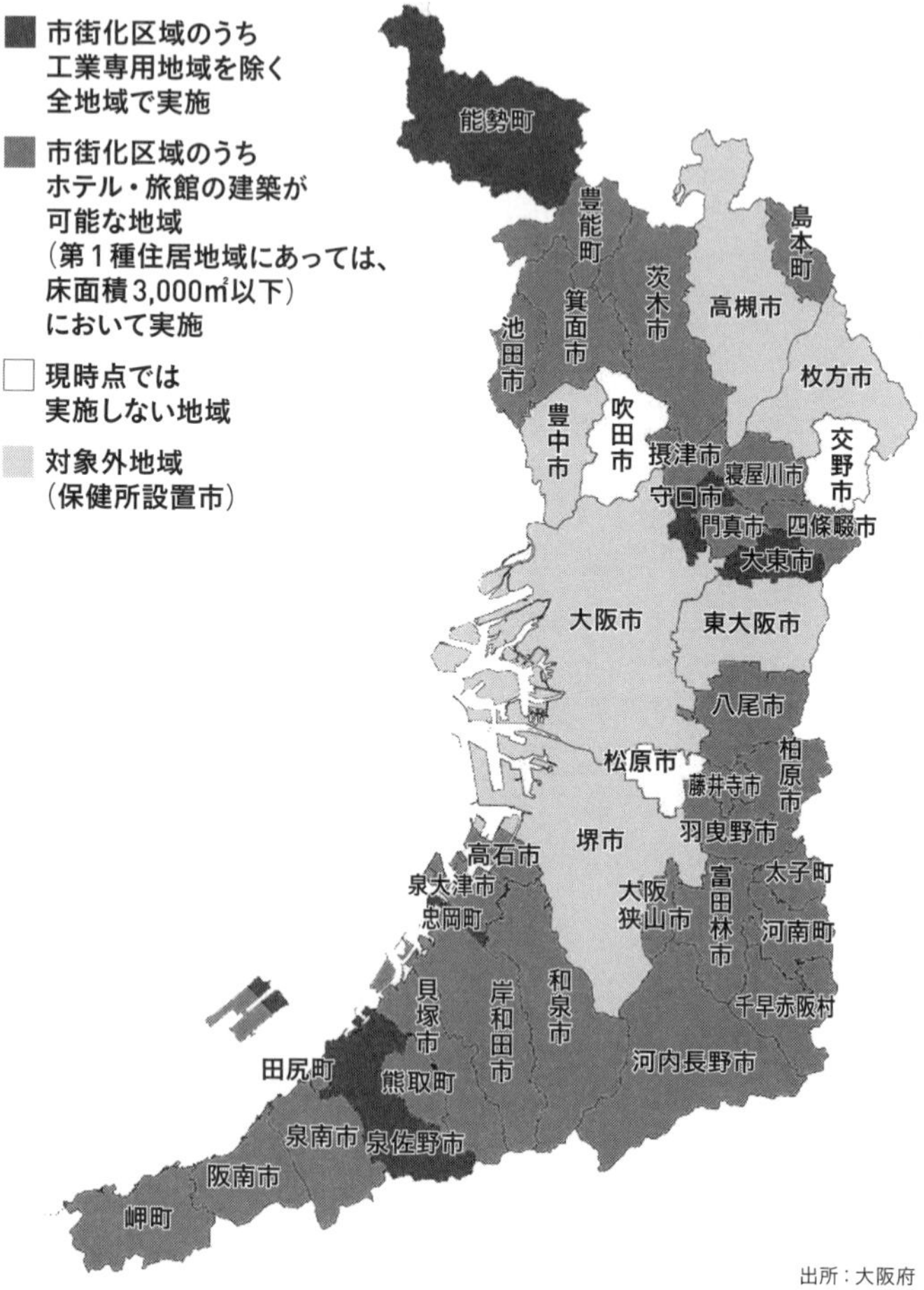

出所：大阪府

大阪市における
外国人滞在施設経営事業（旅館業法の特例）実施地域

■ 実施地域
第二種住居地域
準住居地域
近隣商業地域
商業地域
準工業地域

■ 実施地域（3000㎡以下）
第一種住居地域

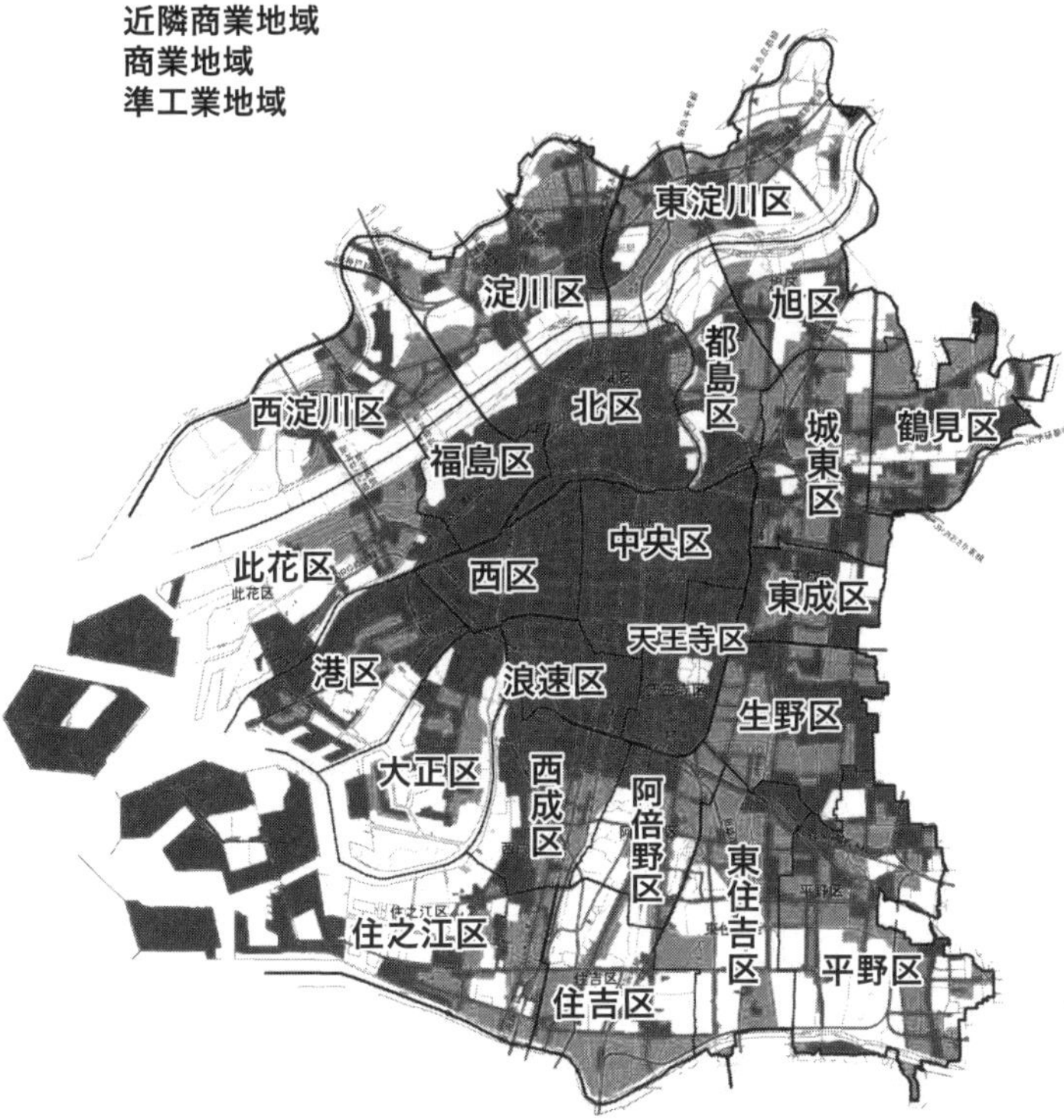

※原則として建築基準法第48条により「ホテル・旅館」の建築が可能な用途地域（第一種住居地域にあっては3,000㎡以下）を事業実施地域とするが、例外的に諸法令および都市計画による制限を受ける場合がある。

出所：大阪市

「特区民泊」であっても管理規約にそぐわなければ営業できない

ところで、先ほど紹介した「特区民泊」認定の主な審査基準のうち、③の「施設を使用させる期間が2泊3日以上であること」という基準については、以前は「6泊7日以上」でしたが、2017年1月1日から、大阪府と大阪市の条例改正によって短縮されました。

これは、2016年10月25日、政府において「特区民泊」の最短宿泊日数を「6泊7日」から「2泊3日」に短縮することが閣議決定されたことを受けたものです。

従来の最短でも6泊7日以上、宿泊させなければならないという条件は、民泊事業にとって大きなネックでした。なぜなら、訪日観光客の平均的な宿泊日数は、せいぜい2〜3日といったところだからです。

175ページの図は、関西空港で行った訪日観光客へのアンケート結果をもとに、大阪および大阪以外での平均宿泊日数をまとめたものですが、中国からの観光客は大阪での宿泊日数が平均3・32日、台湾からの客は3・79日、韓国からの客は3・52日と、いずれも3〜4日程度の短期滞在が主流です（2015年）。

最短宿泊日数が「2泊3日」に短縮された結果、実際の訪日観光客の宿泊日数とほぼ同じにな

大阪および大阪以外での宿泊数

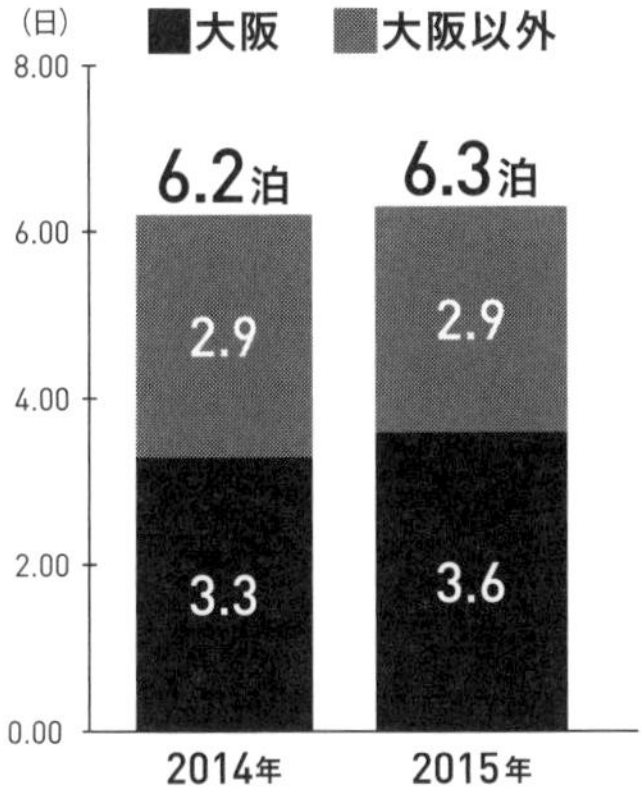

大阪での宿泊数内訳

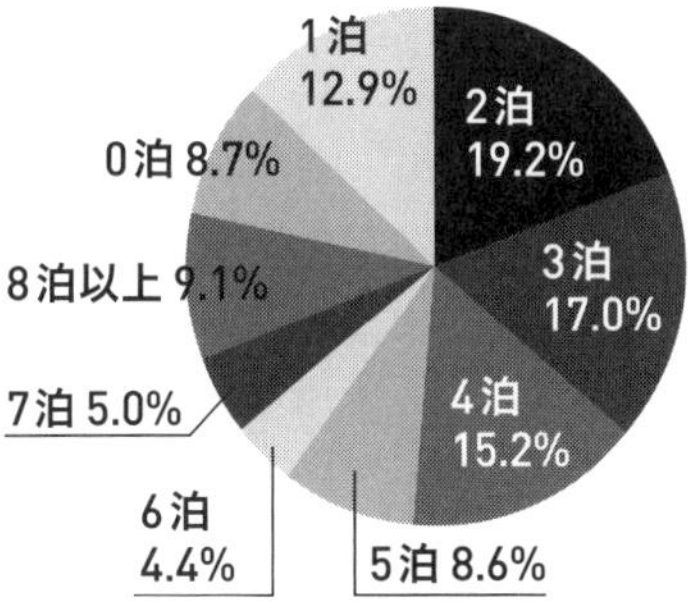

国・地域別宿泊数

※8泊以上は一律に「10泊」として算出

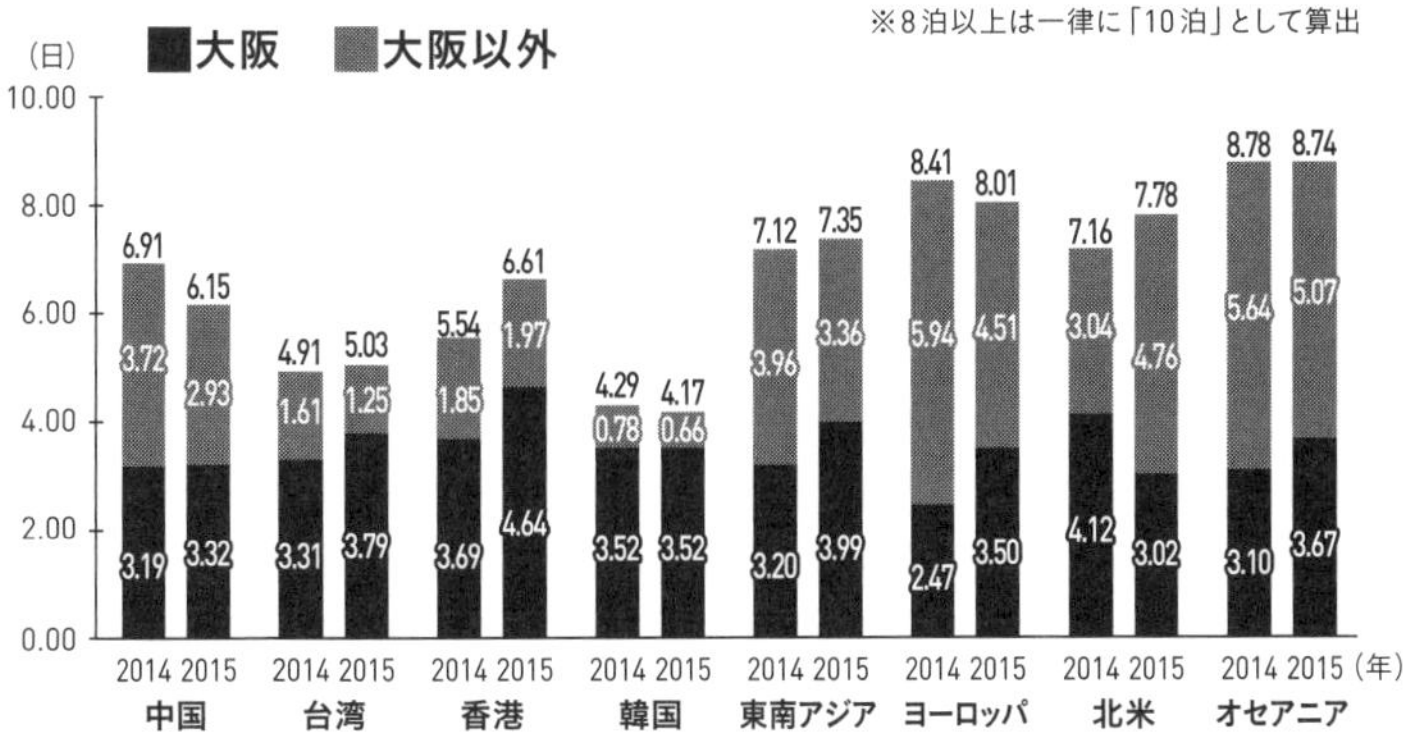

出所：大阪観光局

ったので、「特区民泊」の申請は今後ますます増えることになるでしょう。

大阪府と大阪市では「民泊」を営業するうえでの敷居がどんどん低くなっていることは事実です。ただし大阪府では、ワンルームなどの分譲マンションを「特区民泊」事業用として申請する場合、事業を行うことがマンションの管理規約に違反しないことを証明する書類の提出を、大阪市は、マンションの管理組合から民泊としての使用承諾書を得て提出することをそれぞれ求めています。

つまり、どんなに規制が緩和されたとはいえ、管理規約に抵触しないことや、管理組合の承諾を得なければならないこと、1居室の床面積が25平方メートル以上であることは、民泊を営業するうえでの絶対条件だということです。

民泊に関するこうしたルールは、今後も変わっていく可能性がありますが、少なくとも現時点では、クリアすべきハードルがあまりにも多いといえます。

また、2016年12月、国土交通省と厚生労働省は、民泊の営業は年180日を上限とすることを決定しました。つまり、民泊で収益を出すには稼働率50%以下で採算が合うようにする必要があり、非常に厳しい条件といえます。これらを考え合わせると、民泊目的で大阪のワンルームマンションに投資するのは、あまり得策とはいえないかもしれません。

第4章

物件購入のポイントと知っておくべきリスク

収益力の高いワンルームマンションとは？
物件選びのポイント

世代や属性、投資の目的などを考慮して最適な物件やローン契約を選択する

前章までの説明で、投資対象としての大阪のワンルームマンションの魅力はひと通りご理解いただけたのではないかと思います。

そこで本章では、実際にワンルームマンションの物件を選び、投資を始めるまでのポイントについて解説していきます。

本書の読者の多くは、老後の年金代わりとして、ワンルームマンション投資を活用しようと考えておられるのではないかと思います。

その場合、物件選びは「何歳までに、月々いくらくらいの家賃収入を確保できるように

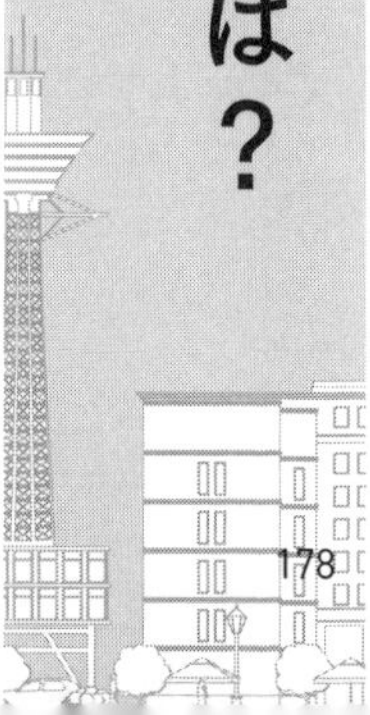

するのか」という視点で考えなければなりません。しかも、その家賃収入が「安定的に確保できるのかどうか」という点は、非常に重要です。計算上はどんなに高い家賃収入が期待できる物件でも、実際に入居者がいないと、収支計画は「絵に描いた餅」に終わってしまうからです。

マンションから安定した収入を得るには、入居者が「長く住み続けたい」と思ってくれる物件、たとえ入居者が退去しても、すぐに次の入居者が見つかりやすい物件を選び、家賃収入が途切れないようにすることが大切です。

これらのポイントを総合的に考えながら、ご自分のライフプランやマネープランに合致するのはどのようなワンルームマンションなのかをイメージすることが、物件選びの第一歩となります。

例えば、現在30歳で、年金生活を始める65歳までに、公的年金の不足分として月々５万円程度の家賃収入を確保したい方の場合を考えてみましょう。「大阪中心６区」や「新大阪」の新築ワンルームマンションをフルローンで購入することが、そのマネープランを実現するための有効な解決策のひとつになると考えられます。

物件価格は２０００万円前後なので、マイナス金利政策によって金利が年１・８％前後まで下がっている現在の不動産投資用ローンを利用すれば、35年返済の場合、月々のローン返済額は6万4000円前後に抑えることができます。「大阪中心6区」および「新大阪」の新築ワンルームマンションの家賃相場は約7万円ですから、入居者が途切れない場合、月々約6万4000円ずつ返済しても収支はプラスになります。そして、65歳までにはローンを完済できるので、以降は家賃収入がほぼ丸ごと手に入るようになるわけです。

35年後の家賃相場がどうなっているかは正直わかりませんが、第3章でも述べたように、「大阪中心6区」と「新大阪」は当面人口流入が続く見通しなので、極端に値下がりすることはないでしょう。目標とする「月々5万円程度の家賃収入」の確保は、十分、実現する可能性があるといえそうです。

あるいは、老後が目前に迫ってきた50歳の方が、「遅ればせながら、いまからでも年金不足を補うための収入源を作っておきたい」と考えるのであれば、「大阪中心6区」や「新大阪」にある築浅（築10年程度まで）の中古ワンルームマンションを取得するという方法もあります。

築浅物件なら、取得価格は1300万〜1400万円と新築に比べてかなり安いので、仮に借入額を１３００万円とした場合、返済期間25年のフルローン（75歳で完済）を組んでも、月々のローン返済額は約5万３８００円で済みます。

「大阪中心６区」および「新大阪」の築浅ワンルームマンションの家賃相場は約６万５０００〜6万８０００円と、新築とそう大きく変わりません。そのため、月々のローン返済額は家賃収入の範囲に収まることが多く、完済後には家賃収入が丸ごと年金代わりになる可能性が高いといえます。

75歳まで返済を続けるのは厳しいので、もっと早く、せめて65歳までにローンを完済したいというのであれば、自己資金を入れる方法もあります。同じ１３００万円の物件で、例えば５００万円の自己資金を入れてローンの借入額を８００万円にすれば、月々５万円程度の返済額で、65歳までには完済可能です。

上場企業に勤めている方や、医師の方、学校の先生などであれば、50歳ごろまでにはある程度の金融資産をお持ちの方が多いはずですから、自己資金を活用する余裕もあるのではないでしょうか。

このように、ひと口に「ワンルームマンション投資」と言っても、世代や属性などに応じて、ライフプランやマネープランを実現するのにふさわしい物件や資金計画は大きく違ってくるのです。

20〜40代の方であれば、35年返済のフルローンを設定し、新築ワンルームマンションを取得することも可能ですが、50代以降になると返済期間が短くなるので、新築を選ぶと月々のローン返済額がどうしても高くなってしまいます。

ライフプランやマネープランを実現するための有効な〝打ち手〟は十人十色です。その実現のために大阪のワンルームマンション投資を始めるとしても、ご自分の世代や属性、投資の目的などに応じて、投資戦略を十分に練り上げる必要があります。

まずは、ご自分が何のためにワンルームマンション投資を始めようと思っているのか、それを無理なく実現するにはどうすればいいのかをしっかり考えたうえで、それに見合った物件やローン契約を選択することが大切だといえるでしょう。

ただ「安ければいい」わけではない「住みたい」と思ってもらえるかが肝心

一方でワンルームマンション投資には、世代や属性、投資目的にかかわらず、あらゆる方に共通する、成功のための〝鉄則〟というものもあります。

なかでも特に重要なのは、投資する物件を「なるべく安く手に入れる」という鉄則でしょう。物件を安く購入すれば、その分、ローンの返済額は少なくなり、キャッシュフローや利回りも高くなります。

第2章でも述べた通り、わたしが「大阪中心6区」および「新大阪」のワンルームマンションを特にお勧めしているのは、不動産投資ブームによって取得価格が高くなっている東京都心のワンルームマンションに比べて、かなり価格が安いからです。しかも、「大阪中心6区」や「新大阪」のワンルームマンションは、人口流入の恩恵を受けて、安定的な入居者確保と、家賃水準の維持が期待できます。

つまり、ただ安いだけでなく、長期安定的なインカムゲインが期待できるのも、大阪のワンルームマンション投資のメリットなのです。

とはいえ、どんなに立地がよくても、物件そのものに「住みたい」と思ってもらえるような魅力がなければ、空室の期間が長くなって、収益性が下がることもあります。

実際「大阪中心6区」や「新大阪」にあるワンルームマンションは、立地のよさから、その大部分が入居率95%を超えていますが、なかには、物件そのものの魅力が乏しいことから、入居者の確保に苦労しているものも見受けられます。

どんなに計算上のキャッシュフローや利回りが高い物件でも、入居者に敬遠されてしまっては、まったく意味がありません。そこでここでは、大阪の入居希望者には、いったいどのようなワンルームマンションが好まれているのかを考えてみたいと思います。

大阪の入居者は堅実で合理的
とにかく「安い物件」が選ばれやすい

〝大阪人気質〟というと、皆さんはどのようなイメージを抱くでしょうか？

食べ物にうるさい、せっかち、義理人情に厚い、気さくで人懐っこい、何かと笑いを取りたがる……などなど、いい意味でも悪い意味でも、ほかの地域の人とは異なる、独特の人間味を持っているのが大阪の人々ではないかと思います。

なかには、大阪人は「ケチだ」と言う方もいらっしゃいます。もちろん、すべての大阪人がそうだとは思いませんが、倹約意識が高く、モノを買ったり食事をしたりするときに、「損か得か」をきっちり見極めてから決める堅実な方が多いことは確かです。

そして、そんな倹約意識や堅実さは、「住まい探し」においても存分に発揮されます。率直に言って、大阪の人は「家賃が高い」というプレミアム感にはあまり関心がありません。同じ住むなら「なるべく安いところに住みたい」というのが、一般的な大阪の賃貸入居者の偽らざる本音なのです。

例えば東京では、モダンで洗練されたインテリアのデザイナーズマンションを開発したり、贅沢な設備を取り入れたりと、より高い家賃を設定するために、物件の付加価値を高めようとする傾向がありますが、大阪では、そうしたワンルームマンションは必ずしも好まれません。「デザインや設備に余分なお金をかけるくらいなら、その分、家賃を安くしてほしい」という人が多いようです。もちろん、全員がそうではありませんが、長年大阪に住み、不動産業に携わってきた者としては、そんな実感があります。

大阪人の気質が端的に表れている例が、前著でも紹介した、

「上層階よりも下層階の物件のほうが好まれやすい」

という傾向でしょう。

全国的には、同じマンション内にある物件でも、眺めがよく、セキュリティ面でも安心な上層階のほうが人気は高いと思われます。

ところが、大阪ではむしろ、2階とか3階といった下層階のワンルームマンションのほうが好まれます。なぜなら、同じ間取りでも上層階に比べると家賃が安いからです。

最近の新築ワンルームマンションは、建物入り口のオートロックや防犯カメラなどは当たり前に完備されていますし、警備会社による24時間365日の監視サービスが付いている建物も珍しくありません。したがって、下層階でもセキュリティはまったく問題ないといえます。

もちろん、眺めがいいに越したことはありませんが、単身ビジネスマンの場合、日中は会社勤めをしているし、帰宅も夜遅くなるので、ゆっくり窓の外を眺める時間がないという方も多いでしょう。それで月々2000〜3000円も家賃を余計に払うのなら、むしろ安上がりな下層階のワンルームマンションに住みたいというのが、多くの大阪の入居者の考え方であり、価値観なのです。

そうした大阪人の合理性に照らし合わせて考えると、入居者を安定的に確保するためには、上層階よりも下層階の物件を選ぶのが望ましいといえそうです。

一方で、眺めのよい部屋を好む入居者もまったくいないわけではありませんから、少しでも多くの家賃収入を得たいのなら、上層階の物件を取得するという選択肢もあると思います。少なくとも「大阪中心６区」や「新大阪」の物件であれば、入居希望者はつねにある程度いるので、長期間の空室が出る心配はほとんどないでしょう。

また、これは大阪のワンルームマンション投資に限らず、不動産投資全般にいえることですが、周辺の家賃相場よりも高めの家賃を設定してしまうと、入居者を確保しにくくなるという点は、くれぐれも肝に銘じておいてください。

例えば、同じエリアにある、築年数や駅からの距離、専有面積、設備などがほぼ同じワンルームの家賃相場が７万円であるのに対し、７万５０００円などと強気の家賃設定をすると、入居者がなかなか決まらなくなることもあります。

特に大阪のように「安く借りたい」という方が多い地域では、相場より１０００円、２０００円高いだけでも敬遠されてしまうケースが珍しくないのです。

強気に家賃設定したつもりはなかったけれども、結果的に周辺相場よりも高くしてしまったという失敗も起こりがちです。そうした失敗を避けるため、家賃を設定する前に、「ＳＵＵＭＯ」「ＨＯＭＥ’Ｓ」「アットホーム」といった賃貸不動産情報サイトで、ご自分の物件があるエリアの家賃相場をしっかりと把握し、高すぎない水準に設定しましょう。

なお、中古物件の場合、すでに入居者が付いている状態で購入すると、数年前に設定された家賃がそのままになっていることがあります。

例えば前のオーナーが、いまも住んでいる入居者と10年前に月7万円の家賃で賃貸契約を交わしていたとすると、その後の10年間で周辺相場が月6万5０００円に下がっても、7万円のままの家賃を受け取ることができるわけです。

これは、一見お得に思えますが、その入居者が退去して新たな入居者を募るときには、周辺相場に合わせて家賃を6万5０００円前後まで下げざるをえなくなります。その結果、家賃7万円を前提に立てていた収支計画が崩れ、期待通りのキャッシュフローや利回りが得られなくなる可能性もあるので注意が必要です。

逆に、過去に設定された家賃が現在の相場よりも安めである場合は、入居者が入れ替わるタイミングで家賃を上げるチャンスもあります。

中古物件を購入するときには、必ず周辺の家賃相場をチェックして、将来、値下げや値上げを行わなければならないのかどうか、その場合、収支計画がどのように変わるのかを、しっかりシミュレーションしておきたいものです。

ちなみに、家賃の「安さ」にこだわる入居者が多い大阪では、「敷金・礼金ゼロ」の物件も少なくありません。月々の家賃だけでなく、「初期コスト」もとにかく抑えたいというニーズが高いからです。ただし、敷金がない代わりに、退去時のハウスクリーニング代は入居者が自己負担するという契約が一般的です。入居時の入居者の負担額は契約内容によりけりですが、家賃以外に2万〜3万円というケースが多いようです。

東京では、現在も「敷金1ヵ月・礼金1ヵ月」以上が一般的のようですが、このあたりの違いにも堅実な大阪人気質が表れていて、非常に興味深いところです。

温水洗浄便座や浴室乾燥機は不可欠 女性が求める設備はしっかり調える

繰り返しになりますが、ワンルームマンション投資においては、物件の取得価格をいかに抑えるかが成否を分ける大きなカギを握ります。設備に必要以上にお金をかけすぎると、その分、借入額も膨らんでキャッシュフローや利回りが悪くなるので、なるべくなら最低限にとどめたいところです。

その点、大阪の入居者は「余分な設備にお金をかけるくらいなら、その分、家賃を安くしてほしい」という考えの方が多いので、投資額を極力抑えたいワンルームマンションオーナーにとって、願ったりかなったりであるとはいえます。

ただし、どんなに「家賃の安い物件」が好まれるとはいっても、「安かろう、悪かろう」では大阪の入居者は納得しません。

食べ物にしても、高くてうまいのは当たり前、安くてうまいものこそが賞賛されるのが大阪の文化。ワンルームマンションについても、費用対効果の高さは、非常に厳しくチェックされます。どんなに家賃が安くても、広さや間取りが不十分だったり、必要不可欠な設備が調っていなかったりすると、入居者が確保しにくくなることもあります。

過剰な設備は必要ありませんが、かけるべきところにはしっかりお金をかけないと、もっと設備の調った別の物件に入居者を取られてしまうことになりかねません。

ワンルームマンションへの入居を希望するいまどきの若い単身者が、最低限どのような設備を求めているのかをしっかりとチェックし、調えることが大切です。

では、最低限調えておきたい設備とは、どのようなものでしょうか?

わたしが、ワンルームマンション投資のご相談にいらっしゃるお客さまによくアドバイスをしているのは、

「女性の入居者が『ないと困る』と思うような設備は、取りそろえておいたほうがいい」

ということです。

具体的には、「ウォシュレット」や「シャワートイレ」などの温水洗浄便座、浴室乾燥機、ドレッサー（洗面化粧台）などの設備はあったほうがいいと思います。

最近の新築ワンルームマンションであれば、これらの設備は十分調っていますし、「大阪中心6区」や「新大阪」の物件なら、これらの設備費用も込みで2000万円前後から購入できます。その意味でも、東京の物件と比べてコストパフォーマンスはかなり高いといえるでしょう。

一方、中古物件の場合は、築10年程度のものでも、こうした設備が調っていないことがあるので、入居者を確保するためには、必要に応じて導入を検討したいものです。

このほか、「大阪中心6区」および「新大阪」に限っていうと、なるべくなら駐輪場のある物件を選んだほうがいいでしょう。というのも、大阪の中心部に住む単身ビジネスマンは、勤め先もさほど遠くない場所にあることが多く、電車よりも自転車で通勤するケースが多いからです。

例えば、第3章でも紹介した、若者に人気がある北区の南森町や中央区の北浜などは、大阪のビジネスの中心地である梅田まで、自転車なら約10分ほどの距離です。

地下鉄でも1駅か2駅といったところですが、安上がりで体も動かせるので、自転車通勤が一般化しているのです。同じように、住まいも勤め先も「大阪中心6区」や「新大阪」のエリア内であれば、ほとんど自転車通勤が可能です。そうした人々には、駐輪場付きの物件が魅力的に映るわけです。

駐輪場がないと入居者が付きにくいというわけでは決してありませんが、あればそれなりのセールスポイントになるはずです。

同じ専有面積でも間取りによって広さは大きく変わる

ちなみに、設備があまり調っていない中古物件を取得する場合、最低限の設備は調えたほうがいいとは思いますが、過剰に取り入れる必要はありません。

オーナーによっては、「少しでも入居者を確保しやすくするために」と、最新の家具や家電などを部屋のなかに取りそろえる方もいらっしゃるようです。しかし、テレビや洗濯機、冷蔵庫などは、すでに自分で持っている入居者が多いわけですし、まっさらな状態から新生活を始めるにしても、家電量販店に行けば、新生活者向けの安い家電がいくらでも売っています。

余分な設備を付けて家賃を上げざるをえなくなってしまうことのほうが、かえって入居者を確保するうえでデメリットになりかねないことを覚えておいてください。

むしろ中古物件であれば、逆に「家賃の安さ」を打ち出したほうが、入居者が確保しやすくなるケースが多いものです。

例えば、周辺の新築ワンルームの家賃相場が7万円であれば、6万8000円や6万5000円くらいの、やや低めの家賃設定でアピールしてみるのです。

そもそも中古物件は、新築に比べて取得価格が安いので、家賃を低めに設定しても、十分な収益を確保できる可能性は高いといえます。

キャッシュフローが赤字にならない範囲で、つねに周辺相場より低めの家賃設定をしておけば、「安さ」に魅力を感じて入居を希望する方は引きも切らなくなるのではないでしょうか。特に、大阪のように賃貸住宅の費用対効果にうるさい人が多い場所では、その効果はてきめんかもしれません。

一方、入居者にとって、借りる部屋の「広さ」は、設備の充実度などと同様に気になるところですが、この点でも大阪の人は、費用対効果を重視する傾向が強いようです。

わかりやすい例が、ワンルーム（1R）と1DKの人気の違いです。

ご存じのように、単身用マンションとしては、部屋数が居室1室のみのワンルームのほかに、居室とダイニングキッチン（DK）の2室で構成される1DKに住むという選択肢もあります。

部屋数が多く、専有面積も広い1DKのほうが家賃は高く設定できるので、計算上のキャッシュフローや利回りも高くなりやすいのが大きな利点だといえます。入居者のなかにも、「多少家賃が高くても、なるべく広々としたマンションに住みたい」という方は一定数いるので、一般に空室リスクはそれほど高くありません。

ところが、大阪の場合は違います。

高い1DKに住むくらいなら、広さを犠牲にしても家賃の安いワンルームに住みたいという人のほうが多いのです。

「大阪中心6区」や「新大阪」の場合、新築ワンルーム（専有面積25平方メートル程度）の家賃相場はおおむね7万円前後ですが、新築1DK（専有面積35平方メートル程度）だと9万円前後はします。

たとえ1000円、2000円でも家賃が安いところに住みたいという人が多い大阪ですから、月々2万円も家賃が高くなるというのは、「問題外」だと感じるのも無理はないところです。もちろん、大阪の入居者が広さをまったく気にしないわけではありません。同じ家賃を払うなら、なるべく広い部屋に住みたいという考え方なのです。

ですから、わたしが「大阪中心6区」や「新大阪」の物件を紹介するときも、1DKの物件はあまりお勧めしていません。

ちなみに、関西の人気マンションとしては、近畿圏で6年連続供給戸数第1位であるプレサンスコーポレーションの「プレサンス」シリーズを筆頭に、「エスリード」シリーズ、「エステム」シリーズなどが挙げられます。いずれも、地元大阪ではその名を知らない人のいないブランドマンションです。

そのほかにも、最近では「サムティ」シリーズ、デザインや間取りでは「W-STYLE」シリーズや「レオンコンフォート」シリーズが人気となっています。

これらのブランドマンションは、借りる側からすれば安心感があるため入居者が決まりやすく、また将来転売する場合買い手が付きやすいので有利です。このことも、物件を選ぶ際の基準のひとつとして覚えておくといいでしょう。

立地選びも〝女性目線〟が大切
駅近で大通りに面した場所がベスト

空室リスクが低く、家賃も下がりにくいワンルームマンションを選ぶために、立地は最重要ポイントのひとつです。

第3章でも述べたように、わたしが投資家の方々にお勧めしている「大阪中心6区」と「新大阪」のワンルームマンションは、大阪のビジネス中心地に近接しているか、ビジネス中心地そのものなので、通勤に大変便利で、大企業に勤務している単身ビジネスマンや公務員の方々にとっては、申し分ない好立地だといえます。

しかも、「うめきた2期地区」をはじめとする再開発や、大阪経済そのものの発展などによって新たにオフィスを構える企業も増え続けており、継続的な人口流入が期待できるのも大きな魅力です。

ただし、同じ「大阪中心6区」や「新大阪」エリアでも、駅からやや離れている場所や、周囲に早朝から深夜まで営業している店舗、レストランなどがない場所は、通勤や生活にやや不便なので、多少、入居者を確保しにくくなる傾向があるのは否めません。

やはり、駅近で生活に便利な立地のほうが、入居希望者に好まれやすいといえます。とはいえ、「大阪中心６区」や「新大阪」のワンルームマンションなら、駅が遠ければ自転車で通勤することもできるので、駐輪場を設けたり駅近の物件よりも多少家賃を安くしたりすれば、入居者を確保することは可能です。物件価格も駅近のものに比べると安めなので、やりようによっては、入居者を安定的に確保しつつ、より高いキャッシュフローや利回りを得ることも不可能ではないでしょう。

また、先ほど設備に関して、女性が「ないと困る」と思うような設備は取りそろえておいたほうがいいとアドバイスしましたが、立地選びについても〝女性目線〟は非常に大切です。特に重視すべきなのは、ひとり暮らしの女性でも安心して暮らせる場所にあるかどうか、という点でしょう。例えば、駅近であっても駅からマンションまでの道が薄暗く、細いようだと、女性の入居者は安心して通勤や生活ができません。夜でも比較的明るく、人通りもある大通りに面していて、なおかつ騒音が気にならないように、正面入り口やベランダが大通りとは反対側にあるような物件がベストだといえます。

改めてじっくり考えたい
ワンルームマンション投資のリスクと解消策

ワンルームマンション投資で注意すべき7つのリスクとは？

ここまで、大阪のワンルームマンション投資の魅力についてさまざまな側面から語ってきましたが、不動産投資だけでなく、あらゆる投資にリスクは付きものです。

投資を始めるに当たっては、どのようなリスクにさらされる可能性があるのかを十分に理解したうえで、それを最小化するための対策をしっかりと打たなければなりません。

ワンルームマンション投資に関するリスクはいろいろありますが、特に次の7つのリスクには注意すべきです。

❶空室リスク

❷家賃下落リスク
❸修繕リスク
❹災害リスク
❺流動性リスク（換金性に乏しい）
❻借り入れリスク（与信枠の減少など）
❼金利変動リスク

このうち、❶の「空室リスク」と、❷の「家賃下落リスク」については、すでに第2章、第3章でも何度か触れてきたので、あまり多くを語る必要はないでしょう。

計算上はどんなに高いキャッシュフローや利回りが確保できるワンルームマンションでも、立地や築年数、広さ、設備など、物件として魅力そのものが乏しいと、入居者が付きにくく、思ったような利益が得られなくなることもあります。これが「空室リスク」です。

また、どんなに物件が魅力的でも、その物件のあるエリアに入居希望者が集まらなければ「空室リスク」が上がるうえに、貸し手同士で入居者の奪い合いになって、エリアの家賃相場が下がっていくこともあります。これが「家賃下落リスク」です。

「家賃下落リスク」は、物件そのものが古くなったり、設備やデザインが陳腐化したりすることによっても高まっていきます。これは「空室リスク」についても同様です。

ですから、この2つのリスクについては、物件購入時に対策を講じるだけでなく、周辺相場の変化や建物・設備の経年劣化に応じて、つねに対策を考え続ける必要があります。物件購入時の対策としては、とにかく「入居者が確保しやすいエリア」「新たな供給がされにくいエリア」を選定し、そのなかで「入居者に好まれやすい物件」を手に入れる以外に方法はありません。

わたしはここまで、「入居者が確保しやすいエリア」の具体例として「大阪中心6区」と「新大阪」、「入居者に好まれやすい物件」として、女性が求める最低限の設備、広さ、安全な立地などの条件を備えた物件を挙げてきましたが、まずはこれらの条件にかなったワンルームマンションを取得することが、「空室リスク」と「家賃下落リスク」を抑えるための基本だといえるでしょう。

では、ワンルームマンションの購入後、この2つのリスクを長期にわたって抑え続けるためには、どのような対策を講じるべきなのでしょうか？

たとえば「サブリース契約」を利用することも、有効な方策のひとつといえます。

サブリース契約のメリットとは？「家賃保証」の言葉には惑わされないこと

サブリース契約とは、次ページの【図11】の通り、投資家（マンションオーナー）が取得したワンルームマンションなどの物件を、丸ごと不動産会社や不動産管理会社などに借り上げてもらい、月々の家賃収入はこれらの会社から受け取るという仕組みの契約です。入居者に直接物件を貸すのではなく、不動産会社や不動産管理会社に貸すことになるので、たとえ空室が生じたとしても家賃がゼロになることはなく、月々の家賃はこれらの会社から払い続けられます。

その代わりマンションオーナーは、不動産会社や不動産管理会社に対して毎月10～20％程度の手数料を支払います。これらの会社が入居者から徴収した家賃のうち、手数料を差し引いた約80～90％の家賃収入がマンションオーナーに入る仕組みです。

サブリース契約の最大のメリットは、何といっても「空室リスク」が解消され、家賃収入がゼロになることを防げる点でしょう。入居者に直接貸すよりも家賃収入が多少減るとはいえ、それによって途切れなく家賃収入が得られるのなら、10～20％程度の手数料は「保険料代わり」として割り切ることもできるかもしれません。

ただし、サブリース契約で注意したいのは、「家賃が支払われ続ける」保証は得られても、「家賃が下がらない」保証は得られないということです。

サブリース契約には、30年とか35年といった長期契約のものも多く、不動産会社や不動産管理会社のなかには、「契約期間中の家賃を保証します」といった宣伝文句でアピールしている会社もあるようです。

しかし、ここで言う「家賃保証」とは、あくまでも家賃を支払い続けることの保証

【図11】 サブリース契約とは？

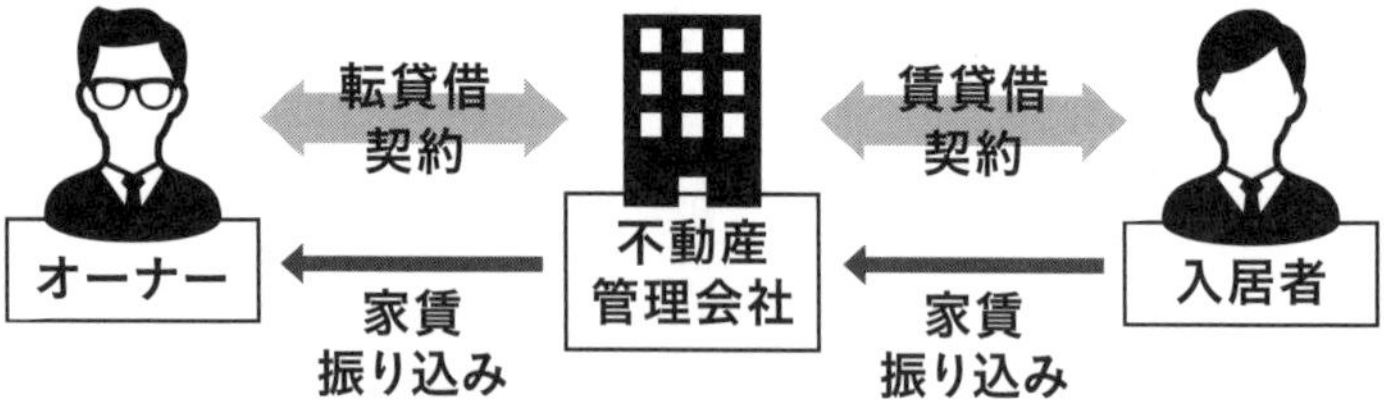

家賃相場の約80～90％で
管理会社が借り上げてくれるので
空室の心配がなくなる

リンクスは90％、2年更新

であって、受け取れる家賃の金額を、長期にわたって保証するものではありません。通常、サブリース契約には、2~5年ごとに家賃を更改するという内容が含まれており、仮に不動産会社や不動産管理会社に貸している物件の周辺家賃相場が下がったり、物件の老朽化、設備やデザインの陳腐化などによって入居者が確保しにくくなったりした場合は、支払われる家賃の金額が引き下げられる可能性があります。

つまり、サブリース契約では、「空室リスク」は解消されても、「家賃下落リスク」を抑えることはできないのです。ですから、たとえサブリース契約を交わすにしても、なるべく家賃が下がりにくそうなエリアや物件を選ぶことは、ワンルームマンション投資を成功させるうえでの大原則だといえます。

ちなみに、わたしが経営している不動産管理会社でも、ワンルームマンションのサブリース契約を受け付けていますが、新築については5年ごと、中古については2年ごとに家賃更改の可能性があるということを、投資家の方々にははっきりと説明しています。会社によっては、契約内容に家賃更改が含まれていることをうやむやにして、契約を取り交わそうとするケースもあるようですので、注意が必要です。

また、わたしの紹介によって「大阪中心6区」や「新大阪」でワンルームマンション投資を始めた方のなかには、サブリース契約を結んでいる方もいらっしゃる一方で、一般的な管理委託契約で物件を直接入居者に貸して、物件や入居者の管理だけをわたしが経営する不動産管理会社に任せている方も少なくありません。

これは、流入人口が多く、入居需要がつねに安定している「大阪中心6区」や「新大阪」なら、わざわざサブリース契約を結ばなくても「空室リスク」や「家賃下落リスク」をかなり抑えられるはず、という考えからだと思います。

実際、わたしが投資家の方々にご紹介している「大阪中心6区」と「新大阪」のワンルームマンションは、おおむね99%以上の入居率を確保しており、サブリース契約を結んでいないお客さまにも、大変ご満足いただいています。

中古物件は修繕費が大きくなることも変動型ローンは金利上昇に注意

中古のワンルームマンションを購入する場合は、❸の「修繕リスク」に注意が必要です。購入する前に、建物や設備がどのくらい傷んでいるのか、十分にチェックしましょう。

特に、古くなった給湯器や電気温水器の交換には10万円以上の費用がかかることもあり、ボロボロになった壁や床を張り替えると、それだけで数十万円から１００万円以上の負担になることもあります。

中古物件は新築物件に比べて取得価格が安く、その分、キャッシュフローや利回りが高くなりやすいのが魅力ですが、修繕にお金がかかってしまうことで、当初の収支計画が大きく狂ってしまうケースも考えられます。

もっとも、築10年程度の築浅物件であれば、建物や設備の傷みはそれほど大きくなく、修繕にかかる費用が安く済む場合もあります。できるだけ築年数の浅い物件を選び、部屋が空いている状態なら（中古物件は入居者が付いたまま転売されることが多い）、内外装や設備の状況をしっかりチェックしたほうがいいでしょう。

❹の「災害リスク」については、ここ数年、大地震や異常気象による被害が全国で増えており、特に注意したいところです。

一般に、不動産投資用ローンを組んでワンルームマンションを購入する場合は、火災保険や地震保険に加入することが必要条件となっていますが、現金で購入する場合でも、加入しておくべきだと思います。

ワンルームマンションの場合、地震保険の保険料は年間で約2000円、10年間でも2万円前後と、それほど大きな負担ではありません。それで万が一、地震によって建物が被害を受けたときには、最高約1000万円までの補償が受けられるのですから、入っておいて損はないでしょう。

また、❺の「流動性リスク」については、ほかの不動産と比べると、ワンルームマンションは比較的リスクの低い不動産だといえます。

第3章でも書いたように、1室当たり数千万～数億円もする1棟もののアパートやマンションは、売りたいと思っても買い手が見つからず、なかなか現金化できないことがあります。その点、ワンルームマンションなら1室当たり数百万から1000万～2000万円程度と値段が手ごろなので、買い手が見つかりやすいという特徴があるのです。

とはいえ、預貯金や株式などに比べると不動産の流動性（換金性）が低いことは否めません。急にまとまったお金が必要となったときに、ワンルームマンションはすぐに現金化できない資産であるということは理解しておくべきです。

❻の「借り入れリスク」とは、投資用のワンルームマンションを購入することによって、マイホームなどを購入するための与信枠が足りなくなることです。

また、与信枠は転職や独立、失業などによっても増額・減額されることがあります。ご自身のキャリアプランに応じて、「借りられるうちに借りて、マイホームを買っておく」といった計画を綿密に立てることをお勧めします。

❼の「金利変動リスク」とは、将来ローンの金利が上がって、返済負担が重くなるリスクです。住宅ローンと違って、不動産投資用ローンはほとんどが変動金利型ですので、金利変動リスクはつねに付きまといます。

当面は日銀がマイナス金利政策を推し進めるはずですので、金利が上昇するリスクはさほど大きくないといえますが、30年、35年といった長期借り入れの場合、どこかの時点で金利が上昇に転じないとは限りません。

金利上昇の兆しが見え始めたら、繰り上げ償還をしてローン返済額を減らすなど、対応を求められることになりそうです。

第5章

信頼できる不動産会社の選び方

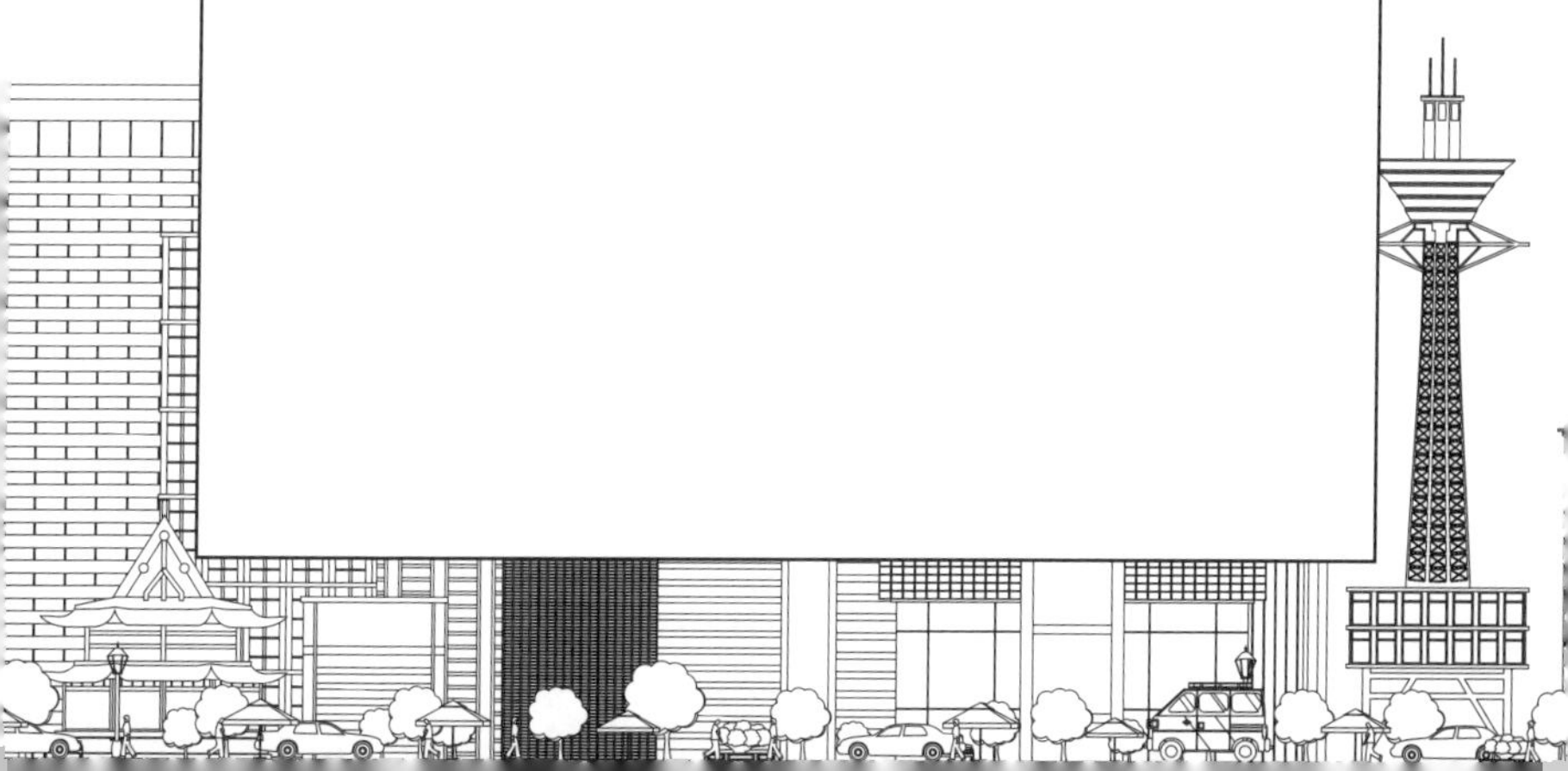

ワンルームマンション投資の成否は不動産会社選びで決まる！

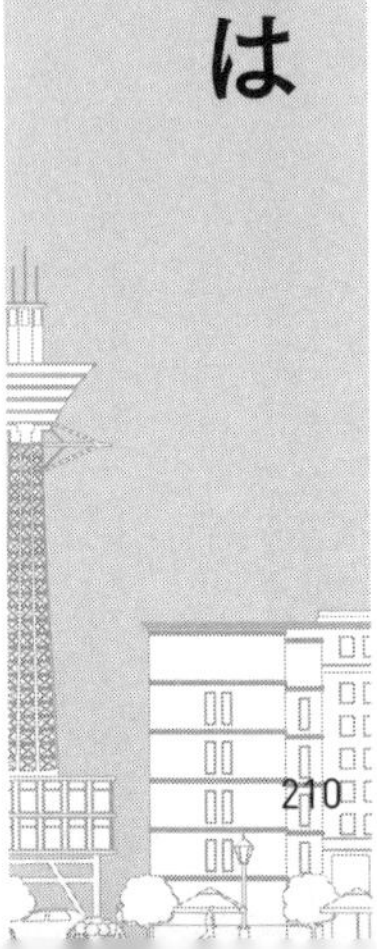

「いいパートナー」との出会いが不動産投資を成功に導く

不動産投資でも、株式投資でも、「投資」と名の付くものを成功に導くためには、どうしても欠かせない重要なポイントがあります。

それは、投資活動を支援してくれる「いいパートナー」と巡り合うことです。

こんなアドバイスをすると、意外に思われるかもしれません。投資というと、例えば株式投資のように、株価が上がりそうな銘柄を自分で探し、株価の動きをにらみながら売買するタイミングを自ら判断して実行するといった、「孤独な作業」というイメージを持っている方も多いことでしょう。

しかし、すでに何十年も売買をしているベテラン投資家ならともかく、株の知識や経験が乏しい方が、自分ひとりで銘柄を選んだり、絶好のタイミングを見計らって買いや売りを仕掛けたりするのは至難の業です。

ビギナーの方が「投資の世界」への扉を開くためには、入門書を何冊も読んだり、先輩投資家やカリスマ投資家が書いているブログを見たり、専門家によるセミナーに参加したりといったプロセスを踏んで、足りない知識を学んでいくのが一般的だと思います。

そうした勉強や情報収集の過程においては、セミナーの主催者や参加者、証券会社の窓口担当や営業担当などとの、さまざまな出会いがあるはずです。

もちろん、すべての方がパートナーとしてあなたの投資活動を応援してくれるわけではありません。しかし、さまざまな方との出会いや対話を通じて、「こうすればいい銘柄を選べるのか」「買いのタイミングはこうやって判断するのか」といった気づきが積み重なっていきます。独学で投資の腕を磨こうとすると壁にぶち当たることが多いものですが、頼れるパートナーと情報交換をしながら取り組んでみると、意外に早く勘どころをつかめるようになり、投資のテクニックに磨きがかかるものです。

これは、不動産投資もまったく同じです。

本書を手に取ってくださった方の多くは、不動産投資の経験がまったくない、あるいは、ほとんどない方だと思います。

しかも、会社勤めや役所務め、学校勤務、病院勤務といったように本業があり、そのかたわらで年金不足などの将来不安を解消するために不動産投資を始めようと考えている方が大部分でしょう。

そうした、使える時間が限られた方であれば、なおさら「いいパートナー」と巡り合うことが、不動産投資を成功させるために不可欠であるといえます。なぜなら不動産投資は、株式投資やＦＸと違って、非常に
「大きなお金が動く投資」

だからです。

わたしの会社に大阪のワンルームマンション投資についてご相談に来られる投資家の方のなかには、不動産投資そのものには興味を持っているけれど、

「数百万から1０００万、２０００万円という大きな買い物をするのは、正直、怖い」

という方が大勢いらっしゃいます。

株式投資なら、かけるお金は1銘柄当たりせいぜい数十万～数百万円。ＦＸなら数千円からでも投資が可能です。それに対して、不動産投資にかかる資金は文字通り〝ケタ違

い〟なのですから、恐怖心を抱くのも無理はありません。

しかし、ここまで述べてきたように、立地や物件そのものの魅力が大きく、安定的な家賃収入が期待できるワンルームマンションを購入すれば、多額の借り入れをしても、赤字を出すことなく収益を上げることは十分可能です。

実際に始めてみると、安定的に家賃収入が得られ、ローン返済分を差し引いても通帳の預金残高がどんどん増えていくので、「始める前までの怖さは、すぐに解消された」という方もいらっしゃいます。つまり、より確実性の高いアプローチをすれば、投資額（借入額）が大きくても、不動産投資は恐るるに足りないのです。

実際、第1章の体験談でも見たように、わたしが大阪のワンルームマンションを紹介した投資家の方々のなかには、与信枠をフル活用して数室あるいは十数室のワンルームマンションを購入した方が何人もいらっしゃいます。

そうした方々の多くは、「最初は怖かったけれど、大阪のワンルームマンションなら安く手に入るので十分なキャッシュフローが確保できるし、空室リスクも低いので、リスク・リターンの両面で非常に安心できる投資であることが実感できました。『案ずるより産むが易し』でしたね」という感想を抱いておられるようです。

もちろん、こうした方々が何の努力もなしに大成功を収めたわけではありません。なかには、入門書を何十冊も読んで勉強をしたり、毎週のように不動産投資セミナーに参加して、わからないことや不安なことを解消したりという努力をされた方もいらっしゃいます。

そもそも、こうした方々のほとんどは、いまこの本をお読みいただいている方と同じように、不動産投資の経験がまったくないサラリーマンや公務員なのですから、「大きなお金を無駄にしないように」と、真剣に情報収集に励んだのだと思います。

わたしが読者の皆さんにお勧めしたいのは、ワンルームマンション投資を始める前に、さまざまな不動産会社を訪ね歩き、関連するセミナーにもなるべく数多く参加して、人脈づくりや情報収集を行うことです。その過程において、ワンルームマンション投資に関する不安が解消されていくと同時に、親身になって応援してくれる「いいパートナー」との出会いが生まれるのではないかと思います。

もちろん、実際のワンルームマンション投資における最も重要なパートナーは、物件を探したり、管理を請け負ったりしてくれる不動産会社です。

そこでこの章では、大阪でのワンルームマンション投資を成功させるためには、どのような不動産会社をパートナーとして選ぶのが望ましいのかについて考えてみます。

地域の事情を知り尽くした地元不動産会社に任せるのが安心

前著『ファイナンシャルプランナーが教える「大阪」ワンルームマンション投資術』を2015年2月に上梓して以来、わたしがこの2年間で「大きく様変わりした」と実感していることのひとつは、全国展開している不動産会社や不動産仲介会社が、大阪のワンルームマンション物件を以前よりも数多く扱うようになったことです。

例えば、『楽待《らくまち》』や『健美家《けんびや》』といった投資用不動産情報サイトを見ると、東京に本社のある大手不動産会社が大阪のワンルームマンションの物件情報を多数掲載しているのが目に付くようになりました。体感的には、2年前とは比べものにならないほど件数が増えているように感じます。

このように〝全国区〟の不動産会社が大阪の物件をより多く扱うようになったのは、東京の物件価格が上がりすぎて、収益性の高い物件がなかなか紹介できなくなったことが要因のひとつではないかと思われます。

第3章でも述べたように、東京都心のワンルームマンションは新築25平方メートルで3000万、4000万円という高額な物件価格が当たり前となり、フルローンで購入すると十分なキャッシュフローが得られなくなるケースが増えています。

これに対し、大阪なら同じような立地条件や専有面積の新築ワンルームマンションが2000万円前後で購入できるのですから、東京に比べて家賃相場が低いことを差し引いても収益性は抜群です。そこに目を付けて、大阪の物件をより多く紹介する不動産会社が増えているのでしょう。

こうした大手不動産会社は、大阪のみならず、全国の政令指定都市や県庁所在地などの物件も豊富に抱えていることが多いので、「より物件価格が安く、収益性が高い都市のワンルームマンションを購入したい」という方には、好都合なパートナーといえそうです。

ただし、投資成果を確実に上げるためには、そうした大手不動産会社よりも、地域の事情を知り尽くした地元不動産会社に物件探しや管理を任せるのが安心かもしれません。

例えば大阪の場合、第4章でも述べたように、ワンルームマンションの入居者ニーズは東京とはかなり異なります。

おしゃれなデザイナーズマンションや、これでもかというほど最新設備が調ったマンションよりも、どちらかといえば、余分な内装や設備はそぎ落として、家賃を低く抑えたマンションのほうが好まれやすいのが大阪の特徴です。

こうした地域ごとの入居者ニーズは、やはり地元の不動産会社のほうがよくわかっていますし、そうした会社が勧めてくれる物件であれば、入居希望者のニーズにかなっているので入居者が安定的に確保され、空室リスクを抑えやすくなるはずです。

また、ワンルームマンション投資を成功させるうえでの最大のポイントは、繰り返し述べているように立地の選定ですが、地元の不動産会社なら、どのエリアの人気が高く、どのエリアは好まれにくいのかといったことを過去からの経験に基づいて把握している会社が多いので、より好ましい立地を提案してもらえる可能性が高いといえます。

例えばわたしの会社では、「大阪中心6区」と「新大阪」のワンルームマンションを中心に物件を紹介していますが、同じ「大阪中心6区」や「新大阪」でも、細かく見れば、特に人気の高いエリアと、それほどでもないエリアがあります。

わかりやすい例が中央区です。

「中央」と名が付く通り、中央区は大阪市のど真ん中にあり、大阪府庁をはじめとする行政機関や、日本を代表する企業の大阪本社などが密集する関西の政治・経済の中枢です。

しかも中央区の中心部には、大阪きっての幹線道路である「御堂筋」が南北に走っており、沿道には淀屋橋、本町、心斎橋、難波などのビジネス街や繁華街が連なっています。当然、これらのビジネス街で働く単身者の受け皿となるワンルームマンションの需要も高く、入居希望者に人気のエリアがあちこちにあります。

ところが、同じ中央区でも、残念ながらワンルームマンションのニーズがさほど高くないエリアがあるのです。それは、区の境に近い周辺部です。じつは、中央区は「大阪中心6区」のなかでも北区に次いで2番目に面積が広く、東は中心部からやや離れた大阪城公園までが含まれています。

中央区のなかでも、さらにど真ん中に位置する淀屋橋や北浜などの界隈は、近年タワーマンションなども数多く建設され、単身者の人気エリアとして注目度が高まっています。これに対し周辺部は、勤め先に自転車で通うにはやや遠く、電車で通うには乗り換えが必要な場所も多いので、どちらかといえば人気薄なのです。とはいえ、その分家賃が安いので入居率は決して悪くはありません。

このように、同じ区内でも人気のあるエリアとそうでないエリアを判別できるのは、やはり地元の不動産会社だけではないでしょうか。

また、地元の不動産会社であれば、同じ区内でも、どのエリアの家賃相場はいくらくらいなのか？ どのエリアにはどんな会社に勤めている人が多いのか？ 男性と女性の比率は？ 既存のマンションの空室率はどの程度なのか？ といったことも、ある程度把握できているはずです。そうしたさまざまな情報に基づいて、「このエリアのマンションを購入するなら、家賃は7万円くらいにしたほうがいい」「男性よりも女性の入居者が多いので、内装はもっとおしゃれにしたほうがいい」といったアドバイスができるのも、地元の不動産会社の強みだといえるでしょう。

地元不動産会社ならきめ細かな管理も期待できる

ところで、大阪に限らず、自分の住んでいるところから遠く離れた地方のワンルームマンションを所有するとなると、どうしても気になるのが物件の管理です。

入居者のクレーム処理や修繕のために、いちいち現場に向かうのは時間もお金も手間もかかりますし、それによって本業にしわ寄せがくるのでは元も子もありません。したがって、遠隔地のワンルームマンションを保有する場合、管理は不動産会社や、その系列の不動産管理会社などに任せるのが一般的です。

そこで重要になるのは、どのような不動産会社に管理を任せるべきか、という点です。

大手不動産会社は全国にネットワークを持っていて、大阪の物件なら、大阪の系列管理会社や委託先の管理会社に管理を任せられます。ですから、東京に本社がある大手不動産会社で大阪の物件を購入したとしても、管理会社の選定に困ることはまずありません。

問題は、きめ細かな管理サービスが受けられるかどうかです。

すべての大手不動産会社がそうだというわけではありませんが、膨大な数の物件をさばき切れず、対応に時間がかかったり、不十分な対応によって投資家（マンションオーナー）が不利益を被ったりするケースもあるようです。

例えば、空室状況を把握して次の入居者を速やかに決めることは、重要な管理サービスのひとつですが、不動産会社によっては、空室が出たことを確認するまでに時間がかかり、対応が遅れることもあると聞きます。

大手不動産会社の場合、全国で数万戸単位の不動産を管理している会社も少なくありません。仮に1万戸を管理していて、そのうち１００戸に空室が発生したとしても、その業者が「全体のわずか1％にすぎない」という考えだとしたら、確認が遅れることがしばしば起こるでしょう。実際に、入居者が退去して1ヵ月ほど経ってから、ようやくその旨の連絡がマンションオーナーに届き、そこから新たな入居者を募集することになり、結果的に2～3ヵ月分の家賃収入を失ってしまう場合もあると聞いています。

大手の不動産会社とはいっても、物件の管理に割けるマンパワーは限られていることが多いので、どうしてもサービスが手薄になる傾向があるのは否めません。その点、地元の不動産会社は、中小規模の会社が多く、管理する物件もせいぜい数百戸から1000戸単位と限られているので、すべての物件に目が行き届き、空室が生じたときも速やかに対応しやすいのが魅力だといえます。

もちろん、このあたりの対応は最終的には不動産会社ごとのサービス姿勢によって異なります。入居者の確保に限らず、設備の修理依頼やちょっとしたクレームへの対応など、きめ細かなサービスが期待できる会社は、探せば必ず見つかるはずです。

あるいは、管理の責任や空室リスクはすべて不動産会社に持ってもらい、家賃収入だけをしっかり得たいというのであれば、第4章でも解説した「サブリース契約」を結ぶ方法もあります。

ネット情報を見るだけでなく実際に不動産会社を訪ねてみよう

本章の冒頭で、不動産投資の「いいパートナー」と出会うためには、なるべく多くのセミナーや勉強会に参加し、不動産会社も数多く訪ねてみるのがいいと述べました。スマートフォンの普及とともに、いまや欲しい情報はいつでもネットから得られる時代です。しかし、不動産投資を相談する相手が信頼できるかどうか、しっかりとしたサービスを提供してくれるかどうかというのは、やはり実際に会ってみて、話をしてみないことにはわかりません。その意味でも、実際に足を運んでみるのがいいと思います。

もちろん、例えば首都圏在住の方が大阪のワンルームマンションを現地の不動産会社を通じて購入する場合、現地に赴いて相談したり下見をしたりするとなると、交通費や宿泊代もそれなりにかかります。

しかし、足を運べば、実際の物件や、大阪の街そのものをじっくり見聞できるわけですから、投資すべきかどうかの決断もしやすくなるはずです。

また、ワンルームマンションの購入後は、それを仲介した不動産会社に管理まで任せることがほとんどなのですから、その意味でも、信頼できる会社かどうかは、ご自分の目でしっかりと確かめたほうがいいと思います。

ちなみに、わたしの会社は大阪市中央区に本社を構えていますが、東京・丸の内にもオフィスを設けており、首都圏にお住まいで、大阪でのワンルームマンション投資に興味をお持ちの方々のご相談も承っています。

インターネットを使うと、あちこち動き回らなくてもさまざまな情報が集まってくるので、とにかく知識や情報を蓄えたいときには便利です。しかし、集めた情報が正しいものなのか、間違ったものなのかということが判別しにくく、あやふやな情報によって投資判断を誤ってしまう危険があるのも確かです。

例えば、不動産会社がネット上で提供する物件情報のなかには、すでに売却されてしまったにもかかわらず、引き続き掲載されたままになっている情報もあります。

削除し忘れによるものなのか、意図的に残しているのかは定かではありませんが、そういう物件情報に限って、立地や販売価格、利回りなどの条件がよく、投資家の方々が興味を持ちそうな物件であることも多々あります。投資家の関心を引いて問い合わせの数を増やそうと意図的にやっているとしたら、おとり広告という明らかな違法行為です。

いずれにしても、インターネットの情報だけで不動産会社や投資物件を選ぶのは避けたほうがいいと思います。何より、いい物件はネットに掲載される前になくなりますから。

いい不動産会社かどうかを見る4つのチェックポイント

では、実際に不動産会社を訪ねたときに、信頼性やサービス対応力がある会社かどうかを確かめるには、どのような点をチェックすればいいのでしょうか？

前著『ファイナンシャルプランナーが教える「大阪」ワンルームマンション投資術』でも書きましたが、次の4つのポイントはしっかりと見てください。

●チェックポイント❶「信頼性」

顧客から喜ばれ、リピートや別の顧客への紹介を頻繁に受けているような会社か？

●チェックポイント❷「実績」

すでに販売したワンルームマンションがどれほどの入居率を確保しているか？

●チェックポイント❸「サービス力」

顧客目線で、きめ細かなサービス対応やコミュニケーションを心がけているか？

●チェックポイント❹「専門性」

社員教育が行き届いており、誰に相談しても専門性の高いアドバイスが受けられるか？

まず❶の「信頼性」ですが、これについては、どれだけの顧客がその不動産会社から繰り返し物件を購入しているのか（リピート率）、あるいはその顧客が別の顧客にどれだけその会社を紹介しているのか、といったことが物差しのひとつになると思います。

ただし、訪問した不動産会社が自社のリピート率を正確に把握しているとは限りませんし、正しい数字なのかどうかを客観的に判断することは不可能です。したがって、あくまでも目安ということになりますが、成約件数の多さを売りものにする不動産会社よりも、リピート率の高さをうたう会社のほうが、面倒見がよく、長く付き合えそうと考えることはできるでしょう。

もうひとつ、不動産会社の「信頼性」を客観的に見るうえでお勧めしたいのは、セミナーや勉強会などで知り合った現地（大阪）の方に評判を聞くことです。特に、大阪以外の方が大阪の不動産会社と取引をする場合、地元の投資家がどんな評価をしているかは非常に参考になるでしょう。

❷の「実績」については、成約件数よりも、販売したワンルームマンションの入居率がどのくらいの水準になっているのかをチェックしましょう。

成約件数は会社の営業力に左右される側面が大きく、その件数が多いからといって投資家に人気のある物件（収益性の高い物件）を扱っているとは限りません。その点、すでに販売したワンルームマンションの入居率は、入居者に人気のある物件を扱っているかどうかを示すものなので、空室リスクの低さや収益性の高さを推測する材料になります。

ちなみに、わたしが投資家の方々に紹介している「大阪中心6区」や「新大阪」のワンルームマンションは平均99％ほどの入居率を達成しています。これらの地区の物件はほかの大阪の不動産会社でも95％前後の入居率を実現しているところがほとんどです。

これは、第3章でも述べた通り、「大阪中心6区」と「新大阪」の流入人口が増加していて、需要が拡大していることが大きな理由です。

次に❸の「サービス力」ですが、これはいかに顧客の気持ちになって、求められるサービスを的確に提供できるかどうか？　ということに尽きると思います。

特に東京にお住まいの方が大阪のワンルームマンションを購入するといったように、離れた場所でサービスを受ける場合はなおさら、頼んだことをすぐに、きちんと遂行してくれるフットワークの軽さや誠実さは重視したいところです。

また、「サービス力」を見るうえで重要なポイントとなるのは、コミュニケーション力でしょう。お客さまから物件の管理を任されているのであれば、入居者との間で特に目立ったトラブルなどがなくても、定期的に管理状況をメールや最近はスマートフォンの「LINE《ライン》」アプリで報告するといったように、コンスタントにコミュニケーションを取ってくれる会社かどうかということは、非常に大切だと思います。

❹の「専門性」は、投資を目的として不動産会社を選ぶ方にとって、とくに重要な要素です。ひと口に不動産会社と言っても、住宅販売に強い会社、仲介を専門とする会社など、さまざまな得意分野があります。

また、投資用不動産を専門とする会社でも、1棟売りか区分（1室単位）か、あるいはファミリータイプかワンルームマンションかといったように、得意とする分野が分かれているものです。このような物件の種類によって、投資用不動産にふわさしい立地や建物は異なりますし、資金計画や収支計画の立て方も大きく違ってきます。

ワンルームマンション投資を考えるのなら、ワンルームマンション投資に強い会社を選ぶべきなのは言うまでもありません。

さらに、ワンルームマンション投資を考えるのなら、それを活用することで、将来のライフプランやマネープランがどのように実現するのかといったことまで提案してくれるような会社であれば申し分ないでしょう。

ワンルームマンション投資を検討している方の多くは、単にお金を儲けるということだけでなく、それによって将来不足する年金をいかに補うか？あるいは、相続を視野に入れて、いかに資産を分けやすい形にしておくか？といったライフプラン実現のための手段として投資を考えていることでしょう。

そうしたライフプランやマネープランも含めて、包括的なアドバイスができる不動産会社を選んだほうがベターではないかと思います。

購入後のフォローもしっかりしている不動産会社が望ましい

もうひとつ、わたしが不動産会社を選ぶうえで大切だと思うのは、物件を売りっぱなしにするのではなく、

「購入後もしっかりと面倒を見てくれる会社かどうか」

ということです。

なかには、物件を販売するまでは懇切丁寧に対応してくれたのに、売り終えたら「はい、さようなら」とでも言わんばかりに、連絡が途絶えてしまう不動産会社もないわけではありません。

もちろん、管理契約を取り交わせば、家賃の集金や入退去の手続き、設備の修繕・メンテナンスなどは継続的に行ってくれますが、築年数が経過して入居者が付きにくくなったときや、家賃が下落して収益が上がりにくくなったときに、不動産会社にアドバイスを求めても、なかなか対応してもらえないようなケースもあるようです。

多くの投資家の方にとって、ワンルームマンション投資はライフプランやマネープランを実現するための手段です。つまり、投資がうまく回らなくなると、人生設計が狂ってしまう可能性もあります。

そうならないように、物件販売後もしっかりとお客さまをフォローしていくのが、不動産会社が本来やるべきことだとわたしは考えています。

ですからわたしの会社では、お客様が物件を取得された後も、さまざまな勉強会や顧客向けのイベントを企画し、なるべく頻繁にコンタクトを取って、投資が順調かどうか、何か問題はないかといったことをヒアリングしています。また逆に、お客さまからためになる情報をいただくことも度々あります。大手の会社と違って、これまでに販売した物件数はさほど多くはありませんので、このようにきめ細かなフォローアップも可能なのです。

わたしは、ファイナンシャルプランナーとしてお客さまのライフプランやマネープランづくりをお手伝いし、その一環として投資用のワンルームマンションを紹介するという、少し変わったタイプの事業を展開しています。このように、マンションを売ることよりも、まずお客さまのライフプランやマネープランづくりを優先していることが、フォローアップ重視の姿勢に結び付いているのだろうと自負しています。

地元の不動産会社なら企業による借り上げも実現しやすい

最後になりましたが、本章の締めくくりとして、大阪やそのほかの地方のワンルームマンションを購入するときに、地元の不動産会社を選んだほうが有利になりやすいもうひとつの理由を書いておきます。

それは、地元の企業による「借り上げ需要」が期待できることです。

ご存じのように、日本では少子・高齢化の進展とともに人手不足が年々深刻化しており、企業は優秀な人材を1人でも多く確保するため、福利厚生制度の充実に力を入れています。そして、その一環として行っているのが単身者向けの社宅の提供です。

かつては、大手企業などが若手社員向けの独身寮を持っていた時代もありましたが、バブル崩壊後の「失われた20年」の間にその大部分が売却され、現在では、ワンルームマンションなどを企業が借り上げて社員に提供する方式が一般的となりました。その動きが、福利厚生制度を充実させる取り組みとともに、近年ますます活発になっているのです。

特に大阪の場合、名だたる大企業の本社や関西支社が集中しているので、借り上げ需要も非常に旺盛なのです。

地元の不動産会社であれば、地元企業と古くからかかわりを持っている会社が多いので、そうした借り上げ需要を優先的に取り込むことができます。

購入したワンルームマンションを、個人ではなく企業に借り上げてもらうことができれば、長期契約になることが多いので、空室リスクや家賃下落リスクはかなり低減されます。言うまでもなく、これは投資家にとって非常に大きなメリットです。

わたしの会社が販売する新築ワンルームマンションも、大手通信会社や大手メーカーなどの借り上げになるケースが増えており、投資家の方々から喜ばれています。

第3章でも書いたように、大阪では今後、「うめきた2期地区」の再開発などによって新たな進出企業もどんどん増える予定なので、借り上げ需要は今後ますます高まっていくことが期待されます。

その結果、大阪でのワンルームマンション投資は、より収益力と安定性の高い投資として、さらに脚光を浴びることになると思われます。

おわりに

「大阪」ワンルームマンション投資でゆとりある日々の暮らしや実りある老後生活を手に入れよう

本書を最後までお読みいただき、本当にありがとうございました。

わたしはファイナンシャルプランナーとして、これまで数多くの方々のライフプランやマネープランづくりのお手伝いをしてきました。

そして、いかに多くの方々がご自身の老後生活に不安を感じ、「どうすれば不足する年金を補って、満ち足りた老後を過ごせるようになるのか?」と切実に考えておられることを、強く実感してきました。

本書で解説した「大阪」ワンルームマンション投資術は、まさにそうした悩みに対応する有効な解決策のひとつであると確信しています。

不動産投資というと、何となく「大金持ちのやること」というイメージを抱く方も多いかもしれません。

しかし、本書をお読みいただいた方ならおわかりになるように、ワンルームマンション投資は、あくまでもサラリーマンや公務員などの一般の方々が、少しでもゆとりある日々の生活や、実りのある老後生活を手に入れるための投資です。

そして、その投資成果をより大きくするためには、東京に比べて物件価格が安く、ほかの地方の物件に比べて「空室リスク」や「家賃下落リスク」などが低い大阪のワンルームマンションを取得することが望ましいといえるのです。

限られた紙数のなかでは、その魅力を十分に伝え切れなかったかもしれませんが、もし大阪のワンルームマンション投資に興味をお持ちになり、もっと詳しい話を聞いてみたいというのであれば、ぜひわたしの会社が主催する勉強会や個別相談会にご参加ください。

不動産投資に限らず、何かをイチから始めて成功させるためには、「頼もしいパートナー」の力を借りることが非常に大切です。

例えば、私事で恐縮ですが、わたしはつい最近トライアスロンに興味を持つようになり、2016年1月から3ヵ月間、現役の日本代表のトライアスリートにパーソナルトレーニングを受けています。

そのおかげで、トレーニング開始から3ヵ月後の2016年4月に行われた「石垣島トライアスロン大会」では、制限時間の1時間以上も前に完走することができました。その後も3つのレースに出場し、決して速くはありませんが、毎回自己記録を更新しており、2017年には数あるトライアスロンのなかでも特に過酷で権威のある「アイアンマンレース」への出場を予定しています。

短期間でここまで実力を高めることができたのは、何といっても現役日本代表という「頼もしいパートナー」のトレーニングを受けることができたからだと確信しています。

このトレーナーの方は、わたしを何としても完走させるべく、スイム・バイク・ランのすべてにおいて、自身が持っているノウハウを惜しみなく伝授してくださいました。技術的なことはもちろん、精神的なことやちょっとしたコツなど、現役のトライアスリートだからこそできるアドバイスをとても心強く感じました。

わたし自身、このトレーナーの方と同じように、これから不動産投資を始める方々が必ず成功を収められるように、そして少しでも不安を取り除けるように惜しみなくお手伝いしたいと考えております。

その一環として、わたしは大阪のワンルームマンション投資に興味をお持ちの方向けに個人ブログも開設していますので、ご覧いただけますと幸いです。

また、本文中で何度も書いた通り、わたしが代表を務めるリンクスでは、ライフプランやマネープランづくりをお手伝いした方々のご要望に応じて、大阪のワンルームマンションの物件紹介や取得のお手伝い、不動産投資用ローンのアレンジなども行っています。紹介する物件は「大阪中心6区」と「新大阪」のものがほとんどで、お客さまの年齢や投資目的などに応じて、新築から中古までさまざまな物件を紹介できますので、ぜひお気軽にご相談ください。

最後に、本書をお読みいただいた皆さまが、ぜひ、「大阪」のワンルームマンション投資を活用し、ゆとりある日々の暮らしや、憂いのない老後生活を実現されることをお祈り申し上げます。ありがとうございました。

２０１7年1月

毛利 英昭

ファイナンシャルプランナーが教える
いま大阪ワンルームマンション投資を始める理由

2017年1月26日　第1刷発行
2017年5月31日　第2刷発行

著者　　毛利 英昭
発行　　ダイヤモンド社
〒150-8409　東京都渋谷区神宮前6-12-17
http://www.diamond.co.jp/
電話／03-5778-7235（編集）　03-5778-7240（販売）
編集協力　渡辺 賢一
諸富 大輔（リライアンス）
装丁　　平田 毅
制作進行　ダイヤモンド・グラフィック社
印刷　　八光印刷（本文）・加藤文明社（カバー）
製本　　本間製本
編集担当　前田早章

ISBN 978-4-478-10124-7

本書は投資の参考となる情報の提供を目的としております。投資にあたっての意思決定、最終判断はご自身の責任でお願いいたします。本書の内容は2017年1月10日現在のものであり、予告なく変更されることもあります。また、本書の内容には正確を期する万全の努力をいたしましたが、万が一の誤り、脱落等がありましても、その責任は負いかねますのでご了承ください。